郑艳红 / 著

大夏书系·语文之道

最美的姿态是倾听
语文课堂转型

教育部重点课题『基于学生深度学习的教育生态重构』（课题编号：DHA190381）的成果

华东师范大学出版社
全国百佳图书出版单位
·上海·

图书在版编目（CIP）数据

最美的姿态是倾听：语文课堂转型 / 郑艳红著 . —上海：华东师范大学出版社，2022
ISBN 978-7-5760-2866-9

Ⅰ.①最⋯ Ⅱ.①郑⋯ Ⅲ.①中学语文课—课堂教学—教学研究 Ⅳ.① G633.302

中国版本图书馆 CIP 数据核字（2022）第 087220 号

大夏书系·语文之道
最美的姿态是倾听——语文课堂转型

著　　者	郑艳红
策划编辑	程晓云
责任编辑	万丽丽
责任校对	杨　坤
封面设计	奇文云海·设计顾问

出版发行	华东师范大学出版社
社　　址	上海市中山北路 3663 号　　邮编　200062
网　　址	www.ecnupress.com.cn
电　　话	021-60821666　　行政传真　021-62572105
客服电话	021-62865537
邮购电话	021-62869887　　地址　上海市中山北路 3663 号华东师范大学校内先锋路口
网　　店	http://hdsdcbs.tmall.com/

印 刷 者	北京季蜂印刷有限公司
开　　本	700×1000　16 开
插　　页	2
印　　张	14
字　　数	195 千字
版　　次	2022 年 7 月第一版
印　　次	2022 年 7 月第一次
印　　数	6 100
书　　号	ISBN 978-7-5760-2866-9
定　　价	52.00 元

出 版 人　王　焰

（如发现本版图书有印订质量问题，请寄回本社市场部调换或电话 021-62865537 联系）

目 录 CONTENTS

序一　建立倾听关系　　　　　　　　　　　　001

序二　最美的倾听，最好的领航　　　　　　　005

第一章　语文课堂转型与倾听关系

培育倾听关系的语文课堂　　　　　　　　　　003

课堂转型从空间转换开始　　　　　　　　　　013

倾听重构语文课堂教育生态　　　　　　　　　022

开学第一课：我如何营造倾听关系　　　　　　028

第二章　语文课堂转型与高品质学习设计

高中语文课堂转型与高品质学习设计　　　　　　　　**047**

新课标引领语文高品质学习设计　　　　　　　　　　**052**

走向深度学习的高中语文学习设计

　　——以《我们是怎样过母亲节的》为例　　　　　**063**

指向深度学习的高中文言文学习设计

　　——以《训俭示康》教学为例　　　　　　　　　**077**

基于学生认知需求的高中语文读写深度融合

　　——以社会现象评论文《陪读》教学为例　　　　**087**

第三章　语文课堂转型的课例分析

语文课堂：孩子成长的场域
　　——以《变形记》教学为例　　　　　　　101
真实学情才是教学的真正起点
　　——以《劝学》教学为例　　　　　　　　131
高三"协同学习"的课堂风景
　　——以《苏武传》教学为例　　　　　　　134
真实性学习的课堂
　　——以《水龙吟·登建康赏心亭》教学为例　139
通过彼此倾听走向深度学习
　　——《活了一百万次的猫》的课堂观察与启示　145

第四章　最美的姿态是倾听

自我蜕变　　　　　　　　　　　　　　　　　159

持续三年，我的课堂发生了怎样的变化

　　——以2019届学习共同体领航班级高中语文课堂为例　166

我的学生如何成为研究者　　　　　　　　　　179

做一次不难，难的是持续做

　　——学习共同体领航教师访谈录　　　　　　182

附：

学生说她的课每一分每一秒都异常珍贵　　　　192

郑艳红：最美的课堂姿态　　　　　　　　　　199

后　记　　　　　　　　　　　　　　　　　　207

序一 >>>
建立倾听关系

我心目中的郑艳红老师是一位不多见的灵魂工作者。她将教育理想与现实、教育情怀与生活融为一体。通过六年左右的学习共同体教学实践，在深刻反思、自我蜕变的基础上，以真实、真诚、真切的态度，完成了《最美的姿态是倾听——语文课堂转型》这部著作，为广大一线语文教师的课堂转型提供了一种参照系。

阅读完这部著作后，令我印象深刻的有四点：第一，她经历过全面客观地倾听多位学生心声的反复锤炼，深入细致地掌握不同类型学生的学习心理状况，抓住了从以"教"为主转向以"学"为主的改革实质，使其"语文课堂转型"有的放矢，落地开花。第二，全书以亲身实践为依托，其列举的课堂教学案例极具说服力。第三，经过系统的理论学习与提升，其教学反思与分析概括具有相应的理论基础，可资借鉴。第四，通过三届学生的多方面反馈，初步证明"学习共同体"的本土化改革效果明显，充满希望和前景，值得期待。

整部书特色鲜明，主要体现在以下几个方面：

（1）勇于解剖自己，抓住课堂转型的契机。她反思：以往，在"课堂上，我把注意力集中在自己的'教'上，越是按照精心设计的教案上课，学生越是被我牵着走而没有学习的主动性"。关于倾听，"看似很认真地在倾听学生的话语，心里却想着权威的、约定俗成的说法，或者自己预先设想的答案。一旦学生没有说到自认为的点上，就会打断学生，或者转移话题"。正是这种无情的"自我否定"，触动她紧紧地把握住学习共同体改革尝试这一探索课堂转型的关键。

（2）将经验上升为理论，夯实课堂转型的基础。她说：真正的倾听，是"耳、目、心"等多种器官的投入，认真细致地听发言者的外在表达和内在逻辑，感悟理解多方面信息。她充分认识到：在课堂上，这种全新的心理体验，会化解人与人之间的隔阂和矛盾，在形成和解决冲突的同时，构建彼此关注、鼓励、共享的和谐关系。而支撑这种倾听关系的是：开放、接纳、尊重和关怀的教育伦理学。

（3）以学科教学为课堂转型的重要载体。她将"倾听"置于时空之中，并且具象化。由此分析概括语文教师倾听能力的特质在于：倾听学生缄默的声音；倾听自己内心的声音；倾听语文教材中隐喻的声音。这样倾听，才能实现从"知识传递"到"知识建构"的转向，也正是相互倾听，引发了心灵撞击，激发出学生最原始、最纯粹的兴趣和爱好，挖掘出学生学习的潜力和创造力。

郑艳红老师的改革尝试和体验，使我认识到："自我蜕变"是投入改革的逻辑起点，"善于反思"是深入改革的基本前提，"意志坚定""勇于创新"是持续改革的必备素养。这就是她成长为学习共同体领航教师的魅力和感召力所在。

在教育学概念里，倾听是教育学理解中的一种非判断性理解。重点在于倾听学生诉说，不做批判性或否定性的判断。它对教师提出了更高的要求：

（1）不以自己的兴趣和知识预设为中心；

（2）采取一种积极有效的倾听方式；

（3）激发和鼓励学生表达他们的想法；

（4）让学生体会到认知、感情、人格得到了认可和尊重；

（5）具备通过外显行为洞察学生内心世界的能力。

如果教师不善于倾听，外部的、专业性的知识，专家的建议和治疗性干预都不会生效。如果教师善于倾听，就知道何时该保持沉默，何时该给予支持，以及如何提出一个问题，以便让双方分享思想和感情的意义更加明确。

因此，通过倾听分辨学生的细微差别，如声音、眼神、动作、神态等，感受学生的体验如何，他处于一种什么情绪状态之中，如受挫、恐惧、紧张、好奇、兴奋、喜悦等，教师在感同身受之际，表达一种外部的支持。也只有认真倾听的老师知道怎样帮助一个具体的学生，在具体情境中克服障碍，走向成熟，真实有效的教育才能发生。

总而言之，提倡建立倾听关系，将有益于培养学生和老师的自我责任意识、自我理解、自我方向感，以及正确面对生活的态度和能力。

辽宁师范大学教授、博士生导师　杨晓

序二 >>>
最美的倾听，最好的领航

2016年对我而言是不平凡的一年，那一年的11月我有幸结识了郑艳红老师，与郑老师的合作，让我的研究开启了新的阶段。六年后的今天，郑老师的第一本著作——《最美的姿态是倾听——语文课堂转型》完成，郑老师长期探索和实践的成果终于问世，可喜可贺。郑老师是追求完美之人，几易其稿，总想把最好的内容呈现给读者，相信读者从字里行间能读到郑老师的专业与用心。

郑老师有丰富的教学经验，在不同类型的高中工作过，有着骄人的工作业绩。20多年的工作经验意味着什么？可能意味着一个巨大的功劳簿，足够后面享用数十年。但郑老师偏偏不是这样的人，她重新审视自己20多年的教学经验，得出一个结论："我要转型，我不能再做'教书匠'了。"这需要多么大的勇气！为此，郑老师主动去读书、去参加学术研讨会、去向每一个她认识的人学习，她主动跨出了第一步，并义无反顾地走下去。对我而言，郑艳红老师的勇气一次次鼓励着我，让我更加确信一个人能够达到的最高境界——"自我挑战、自我实现"！郑老师在专业成长道路上迈出了坚定的步伐，一路与她同行，我看到了专家型教师的成长和蜕变过程。

倾听学生、自我反思是专业成长的契机

郑老师确实是一位优秀的倾听者，因为长时间做班主任的关系，也因为她自身性格中的细腻与柔软，她与学生心灵相通，善于发现学生的困境与需

求,并不断反思自己的教学,希望能带给学生更好的学习体验和学习成果。她第一次参加课例研究做观察员就特别认真投入,第一次分享对学生的观察心得和反思就落泪了,她回到家后辗转反侧,无法入睡。她对学生的困境产生了强烈的共情和共鸣,由此进行了深刻的自我反思。每次上课之前,她为了设计好一节课,会查阅大量的资料,会对学生进行调研,会一次一次修改自己的学习设计,课后还要根据课上的情况进行反思和改进。对郑老师而言,每一节课都是研究课,每一节课都值得反复琢磨、推敲,而每一节课都是师生共创的作品和成果。

深入探索、记录实践是专业成长的路径

郑老师最不喜欢浅尝辄止或者半途而废,她似乎总是有着异常充沛的精力。每次研讨都神情专注,思考深入,勤于请教,乐于记录。她会把讲座内容转成逐字稿,天天带在身上研读;她会打车一两个小时到很远的地方参加课例研究;她会把自己关注的所有专著都下单,一遍又一遍地读书、做笔记……总之,在她身上我真的感受到"深度学习"是如此的快乐,如此的忘我,而且她是个知行合一、说做就做的人。

在学习共同体改革实践之初,她虚心学习,认真观察、模仿,很快在自己的班级就有模有样地做起来了。当她开放自己的课堂,观察员老师们都为她课堂中学生学习的深度和投入度所惊叹。她经常会记录自己的课堂,比如用录像机录下来,反复看,还经常找我一起研讨。无论是自己执教的课,还是去其他老师的课堂做观察员,郑老师总是精心记录,并将一节节课变成一篇篇心得笔记,慢慢打磨成文章。经过几年的积累,记录的文字已经超过30万字,相当于两本专著的文字量。

稳定的教育哲学让内心坚定如磐石

郑老师第一次接触学习共同体,就产生了心灵的共鸣,结合她20多年

的教师经历，她确信这样的改革方向是完全正确的。所以她几乎没有过什么犹豫、迷茫和彷徨，可以说是一往无前。她有句口头禅"问题本身不是问题，如何面对才是问题"。她总是能够不断发现问题、分析问题、解决问题，在她心里只有一个念头：课堂就是要保障每一个学生的高品质的学习权，保证教育的公平与质量，这就是正确的愿景，我们只要朝着这个方面努力，就会走出一条路来。她每天都在想着如何把这件事情做得更好，如何实现这样美好的愿景，竟然没有意识到自己一路走来踏过了多少荆棘和坎坷。

不断地自我挑战使领航专家屹立潮头。

要成为教育专家，必须具备理论与实践的双重素养，两者缺一不可。郑艳红老师20多年的教学经验是一笔巨额财富。但对她来说，她根本不觉得自己是富有的，她想更多地接触、掌握理论，提升自己的理论修养。这些年，她不断地行走在实践与理论的交叉点上，逐渐变成了一个"倾听者、设计者、研究者和创造者"，业已成为一位教育专家。

心理学界认为要成为行业专家需要10000个小时的刻意练习，大概10—15年，郑老师如此虔诚地在教育的田野里耕作，已经远远超过了这个时间期限。永不放弃、永无止境、自定目标、自我挑战才是郑老师的人生本色。一届优秀的学生毕业了，她又有了新的班级，她会分析不同的学情，分析高中新课标、新教材、新高考的要求，进行新的研究和探索。她是学生深度学习的引路人，也是学习共同体改革的领航者！这样做老师真的太有成就感了，这样过一生才真正值得！

向郑老师以及像郑老师一样的教育改革领航者们致敬！

上海师范大学副研究员　陈静静

第一章

语文课堂转型与倾听关系

培育倾听关系的语文课堂

一、一堂比赛课引发的反思

2016年,我在上海市中青年教师课堂大奖赛中执教《我们是怎样过母亲节的》一课,经过近三个月搜集文献资料,多方听取专家同仁建议,反复修改教学设计,多次用心试讲,我将课堂上的每一环节都烂熟于心,以求在大赛中脱颖而出。为体现新课程理念,我精心设计主问题,采用小组合作的方式教学。上课伊始,学生在交流预习疑问时关注到期待生活和实际结果的反差,我没有顾及学生的认知困惑,而是抛出主问题,让学生按照我预设的问题链逐一探讨解决,学生觉得索然无味。学生一开始努力配合和应对我的教学,最终因跟不上我的教学思路而沦为课堂的"观光者"。

那堂课上,我把新课程"以学习者为中心"的理念生硬地嵌入"以教师的教为中心"的教学设计框架中,采用合作学习的方式,但漠视学生提出的问题,以及共同探讨生成的鲜活学习资源。那次失败的赛课经历,让我反思以往20多年的语文课堂。

孙绍振先生的《名作细读》扉页上有一句话:"在语文课堂上重复学生一望而知的东西,我从中学时代对之就十分厌恶。从那时我就立志,有朝一日,我当语文老师一定要讲出学生感觉到又说不出来,或者认为是一望而知,其实是一无所知的东西来。"我读书时也有这样的体会。然而成了语文老师的我,面目更为可憎。课堂上讲的东西并不一定是学生所需要的;学生所需要的内容,可能由于种种原因并没有讲。回想我的教学经历,曾有过这样的感受:学生好像一届不如一届了;学生不爱学习,天天背,天天默,每次错得还不一样；教学时间不够；教得苦，教得累，教得没有成就感。我也一直在尝试改变，比如意识到教师一讲到底不行，就让前面的同学转过去，临时组成四人小组，讨论5分钟。讨论结束以后，叫几个同学发言，一番轮流发言之后，继续讲自己准备好的教学内容。久而久之，学生也明白了老师的"套路"，讨论不那么起劲，发表意见的也总是几张老面孔。

钟启泉教授在《课堂研究》中说："课堂具有多重涵义，不仅是学生学知识的场域，也是学生交往的场所和社会化的重要天地。"[①]传统教学注重知识的传递，却忽视知识的建构；关注教师的"教"，却忽视学生的"学"。教师为上好一堂完美的公开课精心设计教案，给自己设计的问题拟定标准答案；学生被动地接受知识，揣摩教师的意图来回答一个个问题。教师关注排名、分数，学生在一次次考试中不断强化竞争关系；教师单向传授知识，学生孤独地记忆知识。久而久之，霸占话语权的教师把课堂变成了"教堂"，被动学习的学生把自己变成了接收知识的"容器"。教师为提高学生的学习成绩认真备课、认真教学、精心选题，课余帮学生归纳整理，个别辅导。学生因课业负担沉重或因不能解决学习中的困难而产生厌学情绪，部分配合老师教学并取得理想成绩的学生却并不感恩于老师的付出。师生在这个以知识获得为主的课堂上，离幸福、温暖的感觉越来越远。

为唤醒学生的智性及潜在的想象力和创造力，唤醒学生对母语的情感，唤醒文字所蕴含的作者的思想和情感，我曾做过如下尝试：第一，以问题贯穿教学，使之成为师生交流互动的纽带。第二，创设多种阅读手段，为学生打开心灵之窗。第三，从学习习惯着手，改善学生学习行为。第四，重视学生的学习体验，努力构筑课堂的"原创性"和"真实性"。

理想是丰满的，现实是残酷的。课堂上，我把注意力集中在自己的"教"上，越是按照精心设计的教案上课，学生越是被我牵着走而没有学习的主动性。我感觉语文课堂出了问题，不是我不努力教学，学生不努力学习，而是我长期忽视了课堂的主体——学生。

---

① 钟启泉.课堂研究[M].上海：华东师范大学出版社，2016：1.

二、感受倾听的力量

一次当观察员的经历,揭开了学生学习的"潘多拉魔盒",让我感受到倾听的力量。2016年11月16日,我现场观摩了台湾新北市秀山小学林文生校长执教的四年级语文课《小木偶的故事》,成为深入到学生中的10名观察员之一。以下是我当天记录的观课报告:

课前,林老师明确课堂观察要求:

1. 熟悉四位同学的名字。

2. 做编号,记录同学做了什么事情。

3. 观察到的信息越多越好。哪怕学生5分钟什么都没干,可以记录"放空5分钟"。学习者的任何动作都有意义,观察员要尽量捕捉。

4. 关注小组之间语言的流动。发动对话的那位学生可能不是成绩最好的,但他可能是乐于表达,或是遇到困难的人。记录细节,可以让你了解课堂存在的状态。

座位的摆放不同于传统班级的"插秧式"布局,呈U字型排列。我坐在慧君(女,化名)和浩然(男,化名)身边,笑着主动和他们打招呼。慧君睁着大大的眼睛看着我,有点儿害羞;浩然快速地看了我一眼,眼神马上游离,环顾四周。

(1)第一次活动:5分钟安静地阅读,不懂的生字词查字典。如果都懂了,把精彩的句子圈出来。

慧君开始指读。浩然的笔掉在地上,他侧过身子,费力地用脚轻轻地把笔勾过来,然后弯下腰捡起来。浩然看到慧君在查字典,也翻开字典,然后凑过去看慧君,翻到慧君的同一页。浩然的字典,封面已经剥离,有多处透明胶粘贴过的痕迹。

(2)第二次活动:学生4人一组朗读课文相关段落,其他同学认真倾听,纠正错音。

慧君边听边做记号。浩然头转来转去,不停按笔。他把笔袋放到字典上,由于笔袋里的物品太满,一支笔滑落到桌子上。他从笔袋中取出2支笔,一把尺子,两块橡皮。拆笔、装笔,安静而不露声色地忙碌着。

朗读完毕,林老师说有谁要纠正字音,浩然第一时间举手。一位女生问:"'龇牙咧嘴'的'咧'字读几声?"慧君查过这个字,开心地笑。浩然似乎不清楚在讲什么,看到一个男生在黑板上写拼音,他也照着写。求助读音的女生说这个字应该读"无声",浩然马上摇头,自言自语地说:"这个是查不到的。"林老师说:"什么时候读三声,什么时候读无声,讨论一下。"慧君开始查,浩然看看前后左右的同学,把红领巾放在嘴巴里。学生讨论后回答:"三声。"老师追问:"为什么读第三声?"学生回答:"用在字尾的时候读无声。"浩然继续咬他的红领巾。

(3)第三次活动:两个人选择最精彩的段落,讨论为什么精彩,时间3分钟。

浩然拿起文本,凑近慧君。第一次发起对话:"我找到了这一句。"慧君似乎没听到,继续看文本。"关键是,"浩然说,"这句话太搞笑了。"边说边指给慧君看。慧君用尺子把这个句子画出来。"最后一句非常有趣。"浩然继续说。慧君用尺子把最后一句画出来。"我喜欢这一句,"浩然继续说,"这一句太搞笑了,是吧!"慧君笑了。浩然坐在座位上手舞足蹈。

林老师请达成共识的小组分享后,全班一起读分享的句子。朗读时,慧君嘴巴动,声音轻到不能辨识。浩然声音也读得轻,比同学慢半拍,跟不上全班同学朗读的节奏。林老师说:"你觉得刚刚那段好在哪里?用一句话表述。如果说不出来,可以和同伴讨论一下。""有很多的表情,还介绍了小木偶有两条长长的木头腿呢。"浩然凑近慧君说。慧君没有接话,用笔圈画"灵活""毛茸茸"。

林老师邀请讨论好的小组同学发言,全班讨论越来越深入。慧君边听边做记录。浩然把尺子夹在厚厚的《现代汉语词典》里,拉出一点,把尺子按下去,反弹起来,不断地重复这一动作。

(4)第四次活动:再看一遍,深深地思考,用一句话说说精彩之处。

浩然把林老师印发的课文A4纸立夹在字典的尺子上,手一放,纸飘到了地上。浩然慢慢弯腰,快速捡起。继续把它立在尺子上,为防止再次掉落,一只手紧紧攥着纸。

林老师说:"你们小组认为哪几句是很好的?要分享的请举手。"浩然问慧君:"有没有一句话啊?"慧君说:"是一段啊!不是一句。"其他小组分享交流。

(5)第五次活动:从头到尾看一遍,老师希望你发现别人没有发现的地方。

慧君找到了一句,指给浩然看。紧接着又找到一句。"你又变了。"浩然说。"那就这一句吧。"慧君说。其他组员已经站起来向全班分享了,他们还没有达成共识。

(6)第六次活动:讨论一下,作者在写小木偶的故事时,情节有哪几个重点?是如何串联的?

林老师话音刚落,浩然面向慧君说:"先写做了小木偶,然后脸上少的东西是笑,在路上遇到了麻烦,结果,小女巫给了他人类的表情。"慧君倾听。两个人转到后面去,围成4人小组探讨。

(7)第七次活动:你今天和同学讨论分享,有什么感觉?

"不会的都会了!"慧君说。"小木偶没有表情,送给人类的表情了!"浩然说。"这篇文章是……"慧君说。"讲了一个道理,"浩然抢着说,"只有笑永远不够。"慧君把文章的最后一句话画出来。

(8)课堂结尾:"今天大家的表现已经是100分了,以后要发现,要合作。"

慧君默默地整理东西,站起身,轻轻地离开教室。浩然把散落在桌上的东西扔进笔袋,笑着自言自语道:"太搞笑了!"抬头,目光和我相遇,大声地说:"老师再见!"

初次接触孩子澄澈的双眸,忍不住想要去呵护、帮助他们,但我是观察员,我的任务是用心看、用心听、用心记,尽可能去捕捉每一个细微的部分。我所观察的慧君和浩然没有公开发表的机会。浩然似乎一直在我面前做小动作，我为浩然的学习状态难过，更为教书那么多年，才第一次近距离地在课堂上观察到孩子的学习状态而愧疚！

课后研讨环节，我按顺序第一个发言，流着泪讲完了浩然的整个学习历程。所有人都在倾听我的话语，给予我信任和关怀。我讲完之后，林老师什么话也没有说，微笑示意下一位观察员分享。在仔细倾听完所有观察员的分享以及林老师做出的回应后，我从为浩然未进入理想的学习状态而难过，转变为相信浩然即便呈现弱势，依然有收获的欣喜。我突然意识到，之前对学生学习的认识是固有僵化的。是什么力量让我有了如此大的变化？

（1）空间的转变。U字型的座位，让同伴面对同伴，学生从僵硬地坐在座位上勉强学习转向同伴之间的主动交流。上课伊始坐得笔直的浩然，在找到精彩的句子时，坐在椅子上"手舞足蹈"，那是和同伴共同分享学习快乐的姿态；一开始躲闪老师目光的浩然，在下课时开心地整理东西，主动和老师说再见，那是真实学习发生的力量。透过两两伙伴关系，弱势的浩然，有始终倾听他说话的慧君，他感受到了来自同伴的尊重和分享自己观点的快乐。U字型的座位，让纵向的师生互动转向为横向的生生互动。

（2）冲刺挑战性的任务。第三次活动开始，老师布置的任务难度逐步增大，从选择精彩的语句并说出理由，到用一句话说说精彩之处，最后到发现文本的独特之处。原本游离在外的浩然进入到课堂学习中，从玩笔、咬红领巾、玩印有文本的纸到和文本的对话，逐步有了自己新的发现。虽然浩然认为精彩的理由是"搞笑"，但这正是他进入文本的直觉体验。在和同伴共同完成冲刺挑战性的任务中，浩然对学习有了主动性。第六次活动，原来只会蹦出"搞笑"一词的浩然，能把情节很好地串联起来，并完整地表述一段话。第七次活动，浩然能快速地提炼出"只有笑永远不够"这句富含深意的话语，并能与同桌对话，与文本对话。而其他几次活动，比如查字正音，似乎引发不了浩然的兴趣，他沉浸在玩笔、咬红领巾的自我世界中。

（3）倾听的力量。慧君很害羞，她说得很少，但具有良好的学习习惯和素养：一是倾听，二是接纳。她很认真地倾听同桌的声音，倾听老师的声音，倾听发言同学的声音。她会帮浩然纠正："是一段啊！不是一句。"会倾听的同学是最强大的,她不断修正完善自己的思想,因此,她在课堂最后的收获中说:"不会的都会了!"她用倾听来表达对浩然的尊重和接纳,接纳浩然感性的不精当的回答。慧君正是浩然的稳定力量!由倾听和接纳构成的被动的能动性课堂,让浩然这样渐渐"游离课堂"的男孩,因感受到学习的快乐而重新回到课堂。

课后研讨分享中,我了解到这些孩子是第一次接触学教翻转的学习共同体课堂。他们能快速地适应并找到自己最好的状态,展现的正是教师的智慧、素养和文化。林老师倾听的姿态,既柔软又稳定的话语,传递的是静等花开的力量。慧君接纳、倾听浩然,浩然感受到被尊重和信赖,对学习有了自信,激发了学习的兴趣。如果课堂上有更多的人去接纳他,可能他还会发生更大的变化。这变化不在于面向全班发表观点的次数,也不在于是否做一名传统意义上的听话的好孩子,而是能在相互倾听的课堂中互助互学,自尊、从容、快乐地成长。

这一次观课,改变了我原有的"高高在上"的教师姿态。我从浩然身上看到了小学时曾经因调皮捣蛋而被老师当堂点名批评,甚至被罚站的自己。可惜,随着年岁的增长,成为教师的我轻而易举地忘却了学习成长中不愉快的经历,只留下了课堂中乖孩子应有的种种表现。我自认为是会倾听学生的,殊不知我的倾听是有选择性的。课堂上只倾听我所认为的"好的发言""正确的发言",而对于除此之外的学生的发言听而不闻。

从那以后,我持续观课,观察学生的学习。我深深地体会到,教师敞开胸怀的倾听,可以建立让所有学生都安心学习的课堂,形成润泽而稳健的协同学习的课堂空间。

三、培育倾听关系的语文课堂

佐藤学把学习比喻成从已知世界向未知世界之旅,学习是与自己对话,与他人对话,与客观世界对话的三位一体的对话性实践活动。真实学习的发生,需要教师把"独白"的课堂转型为所有学生思考、倾听、对话、协同学习的"交响式"的课堂。反之,如果教师霸占了课堂的话语权,学生得不到充分的时间思考,真实而深度的学习就难以发生。而要让学生在课堂上自主探究学习,同伴之间相互协同学习,教师的角色就要从"讲授者"转变为"倾听者"。

倾听,就是细心地听。"听"有两种:一种是听而有闻,一种是听而不闻。大部分自认为很会倾听的教师,有可能在课堂中表现出听而不闻的状态。也就是看似很认真地在倾听学生的话语,心里却想着权威的、约定俗成的说法,或者自己预先设想的答案。一旦学生没有说到自认为的点上,就会打断学生,或者转移话题。这些教师听到学生的发言,却没有去认真地思索学生发言背后的意义和价值所在,呈现出听而不闻的状态。真正的倾听,是认真细致地听学生的发言,以及学生发言背后的逻辑,这就需要倾听者"耳、目、心"等多种器官的投入,全身心地进入学生的内心深处,去感悟理解对方所要表达的多方面信息。从这个意义上说,倾听代表了敞开、接纳、尊重和关怀的伦理道德,教师的倾听不是有选择性地听,而是要倾听每一位学生的发言,以此来实现教育的公平,保障每一位学生的学习权。正如陈静静博士提到的"倾听者和被倾听者之间是彼此平等的,敞开的,他们在精神上产生一定程度的互赖和共鸣,从而产生一种安全、愉悦的心理体验,这种心理体验会化解人与人之间的隔阂和矛盾,形成彼此关注、关怀和鼓励的关系,构建一种平等和谐的'公共关系'"[①]。

相互倾听关系的课堂具有如下特性:一是多层性。教师面对每一个学生个体,都要倾听、记录和应对。二是同时性。教师不仅要倾听学生的回答,还要关注学生的表情动作,关注其他学生的反应。三是瞬间性。一旦把课堂还给学生,把话语权交给学生,思维的火花会不断碰撞,及时捕捉并形成冲刺挑战性的课题,很考验老师的智慧和倾听的能力。

倾听是一种能力,可以通过有意识的训练加以提高。教师在语文课堂上的倾听表现在三个方面:一是倾听学生的言语或缄默的声音;二是倾听语文

---

① 陈静静. 佐藤学"学习共同体"教育改革方案与启示 [J]. 全球教育展望,2018(6):80.

教材中隐性的声音；三是倾听自己内心的声音。这三者体现的是教师对学生的接纳、尊重，对语文教材内容的接纳、理解，对自身专业发展的接纳、提升。学生在语文课堂上的倾听表现在不仅倾听老师的话语，还要学会倾听同伴的心声。在小组协同学习中真诚地提出疑问，提出自己的看法，把他人的观点纳入到自己的思维体系中，与小组成员协同创造"冲刺挑战性的学习"。师生之间相互倾听的关系体现的是共同体中每一位成员的平等、信任和关怀，也让差异转化为学习资源成为可能。

2016年11月之后，我在每一节语文课上开展相互倾听的学习共同体研究实践活动。学生对相互倾听的语文课堂是怎么看的呢？2019届学生刘诗奇是一位很内向的男生，在课堂转型伊始，为逃避小组发言，自觉承担记录员角色。慢慢地，他发现自己不再是单纯的记录员，而是一个用心的倾听者。一年后，他由衷地感叹："我甘于倾听，热爱倾听。"这个孩子在课堂上找到了自己。

从小父母就说我不够主动，有时也会因此感到懊恼，直到有一天郑老师说："在我们的语文课堂中，最厉害的人是倾听者。"我恍然大悟：与其说是记录，不如说是倾听。没有倾听，我的笔记本上怎么会有一行行密密麻麻的文字？倾听要用心，不用心怎么在课堂中把握并思考同学所述的每一点精华？我并不是一个单纯的记录员，我还是一个用心的倾听者。"倾听"二字是最好的写照，我只要用心汇聚众人的精华，迟早会让自己拥有强大的力量。于是，我甘于倾听，热爱倾听。

2019届学生潘柳依在一段观课感悟中提到：

我们讨论越来越顺畅，课堂却变得越来越安静。郑老师说这是倾听的力量。在每一个小组发表观点时，我们都安静地倾听，记录他们的独特发现，郑老师更是这样。

我们的语文课时常也会出现这样一幕：几个同学因为观点不同争论起来，你一言我一语，气势汹汹，郑老师却在旁边始终微笑着倾听。最后即使没争出个所以然来，郑老师也不会轻易评判谁对谁错。她总说："我们要站在不同人的不同立场上去理解，从而不断完善自己。"所以，她从来不否定我们的观点，更多的是赞扬和肯定。在她的眼中，我们每个人的观点都弥足珍贵。因为郑老师的尊重和鼓励，我们才会更大胆地发表自己的观点。

语文课堂上真正学习的发生，建立在学生同文本对话的基础上产生疑问，独立思考，并利用工具资源，探索解决问题的方法和路径。教师收集学生在文本预习中产生的问题，归类整理，设置基础性课题和冲刺挑战性课题。课堂中去除不必要的教学环节，把更多的时间用在协同解决冲刺挑战性课题上。学生在小组学习中提出自己的疑问，尝试解决并努力达成共识，或者把自己的学习成果分享给同学，进行反思和批判性思考。全班展示环节是努力把解决问题的思路可视化的过程，对话者看似互不关联地提出自己的问题或者阐述自己的理由，倾听者努力地把他人的观点纳入到自己的体系中并加以精确化，或者陈述自己的理由加以反驳，进而理解彼此的主张，最终实现知识的合作建构。在这个直面问题、小组协同学习、全班展示、纳入自我学习、回到文本、知识共同建构的过程中，相互倾听的师生、生生关系显得尤为重要。

倾听意味着双方的平等和尊重。通过倾听，打破自己；通过倾听，学习他人。倾听的是自己未知的，而表达的是自己已知的。倾听关系带来的是人与人关系的重构和改善，人的学习能力和思维品质的提升。培育倾听关系的课堂，让从"知识传递"的教学转向"知识建构"的教学成为可能。倾听孩子的心声，教师的心里也产生了回声。把"一言堂"课堂转型为交织着多重声音的"交响乐"课堂，师生都将流露出对学习最原始、最澄澈的欢喜和热爱。

课堂转型从空间转换开始

佐藤学在《学校见闻录——学习共同体的实践》中指出:"以黑板与讲台为中心,每一个人排排坐在单向排列的课桌椅上,教师以教科书为中心讲解传递的同步的教学方式,在欧美各国正在进入博物馆。"① 从20世纪70年代开始,世界各国展开了一场"静悄悄的革命",黑板和讲台从教室中消失,秧田式的课桌椅变成四五个人围坐的桌子。课堂空间座位的变化的背后是从以"教"为中心的教学转向以"学"为中心的教学;从"个人学习"转向"协同学习"。这场静悄悄的革命在我国悄然进行,"学习共同体"正在悄悄地改变着我们熟悉的课堂场景。

一、从"灌输中心教学"向"对话中心教学"转变

2001年,教育部发布的《基础教育课程改革纲要》中强调,新课程改革的具体目标是要实现从"灌输中心教学"向"对话中心教学"的转变。灌输中心的教学是把学生作为被动接收的容器,学生端坐在座位上,认真地听、认真地看、认真地思考、认真地回答老师提出的各种问题。有经验的教师还不断向学生提出要求:上课思想要集中,思维要跟着老师转,和老师保持良好的互动关系。可是,现实中的学生似乎不太愿意配合老师的教学,他们会认真听讲却不愿意与老师互动,会端坐在教室里思绪却四处游走。灌输中心的教学者认为传授课本中已有的知识就是学习,认为能熟记并运用课本中已

---

① [日]佐藤学.学校见闻录[M].钟启泉,译.上海:华东师范大学出版社,2014:58.

有知识的学生就是优秀的学习者。把知识的传递误认为学习，学生们逐渐丧失学习的兴趣，逐渐"逃离课堂"。

佐藤学提出："所谓学习，是同客体（教材）的相遇与对话；是同他人（伙伴与教师）的相遇与对话；也是同自己的相遇与对话。"他提出："学习原本就是合作性的，原本就是基于同他人合作的'冲刺与挑战性的学习'。业已懂得、理解的东西即使滚瓜烂熟，也不能称为'学习'。"[①] 学习是同客观世界对话，同他者对话，同自我对话的三位一体实践活动。"真正的优质教学应当是'知识的建构'；是教师引导学生同教科书对话、同他者对话、同自己的内心对话的活动；是合乎学科本质、基于'相互倾听关系'而展开'挑战性学习'的活动。"[②] 从这个意义上说，没有对话就没有学习，没有教学。

二、课堂空间的座位变化让对话性沟通成为可能

戴尔克认为："教学活动是在一定的物理环境中进行的，这一环境在某些十分重要的方面制约着学生学习与发展之可能性，环境这一舞台一旦搭起来，则于此上所进行的演出活动便已部分地被决定了。"[③] 座位的不同安排对学生的学习产生较大的影响。

（一）秧田式座位

长期以来，课堂座位编排呈秧田式：讲台置于教室块状空间的正前方，讲台下面是整齐排列的座位。教师习惯站在讲台前，学生只能看到教师的上半身。教师在黑板上板书、播放幻灯片，在讲台和黑板这块极其有限的空间里不断转动着身体。教师在教室的前面，学生面向教师，所有的注意力都集中在教师的讲解上。这种课堂空间模式不断地强化教师"教"的中心。教

---

① [日] 佐藤学. 学校的挑战 [M]. 钟启泉, 译. 上海: 华东师范大学出版社, 2010: 20.
② 钟启泉. 课堂研究 [M]. 上海: 华东师范大学出版社, 2016: 16.
③ 吴康宁. 教育社会学 [M]. 北京: 人民教育出版社, 1998: 344.

师和学生都学会了"选择性倾听"。教师不太会倾听所有学生的发言,倾向于有选择地倾听自己需要的答案;学优生不太愿意倾听学困生的回答,更想倾听老师的讲解;学困生既不愿意倾听老师的话语,又不愿意倾听同伴的话语,逐步丧失学习兴趣。秧田式的座位方式使课堂成为"一言堂",课堂教学的建立不是学生主动参与建构的。教师与学生之间,学生与学生之间,逐步形成了僵硬的关系。

佐藤学教授指出,"同客观世界的对话、同他人的对话、同自我的对话的三位一体的活动,其基础就是基于柔和的声音和身体交往,基于'倾听关系'的对话性沟通,具体的做法是所有的教学(小学三年级以上),由四人组成的小组展开协同学习"。传统的秧田式座位不改变,课堂的转型难以实现。

(二)让学生面对学生

林文生校长在《共同体的实践密码》中提出,空间的力量是很大的,空间的变化会优于教材的力量。林校长用梅洛庞蒂的知觉现象学来解释:一个刚刚学会走路的孩子,走到一个吃着奶嘴的小男生跟前,互相认真地看一下,然后互相换奶嘴,又赶紧吐出来。孩子比较喜欢看到伙伴的身体,而不是大人,这是"知觉的优先性"。学生个性的展现是通过群体互动而展现的,这在一定程度上能解释为什么孩子年龄越大,越不愿意举手发言。如果课堂组建了相互倾听的同伴关系,哪怕再弱势的学生,也至少有一位同学在听他说话,不至于让他"逃离学习"。从纵向的师生互动转向横向的生生互动,这是同伴之间的"互为主体性"。学生喜欢这个群体,进而共筑一个温暖幸福的班级,这是"公社群性"。

在林校长的学习共同体实践课上,我担任了观察员,近距离观察了一位学习共同体课堂初体验的低年级学困生的变化。教室内的桌椅呈U字型排列,学生面对着学生而坐。教师在U字型中间灵活走动,靠近学生的身体,柔软的声音和手势,都在营造一种平等合作的氛围,关注每一位孩子,努力构建他们良好的伙伴关系。我重点观察的男孩子,前半节课热衷于做各种与学习无关的小动作，后半节课慢慢地向同伴表达自己的想法，先是一个词，再到一个简单的句子。在和同伴的交流中，他慢慢地进入文本，和同伴分享自己独特的看法。虽然这节课他没有站起来回答老师的问题，但是在一个接纳倾听他的同伴面前，他感受到了学习的乐趣。课堂结束后，他主动和我打招呼："这个小木偶太有趣了，太好玩了。这节语文课也很有意思。老师再见。"孩子变化的背后，是课堂空间的变化所带来的生生关系、师生关系的变化。

三、课堂空间座位的转变

课堂的物理环境能有利于积极学习，也能破坏积极学习。有时候，将课桌稍作调整便可创设不同的学习环境。如何将传统课桌组合在一起，变成有利于学习的布局呢？

（一）U字型

U字型是一种能用于多种教学目的、多个年段的座位布置。学生有阅读或写作的桌面，能容易地看到老师或者其他视觉媒体，相互之间能面对面联系。学生结对也很容易，转过头就能形成两两同伴关系。如果转过身去，还可以和后面的两位同学形成四四关系。老师的活动空间很大，可以灵活走动，关注每一位学生。

U字型座位的摆放，让语文课堂实现"学教翻转"成为可能。我的语文课堂转型之路是从变换教室的物理空间开始的。2016年11月17日，我执教蒲松龄的《促织》。课前10分钟，我提出改变一下座位方式，学生一脸疑惑。我在黑板上画了U字型座位摆放，学生快速搬动课桌椅，一会儿就形成了新的座位方式。由于班级有40人，我们在U字型的左右两端、U字型底部各摆放了两排桌椅，学生面对面而坐，稍一转头，就可以和旁边的伙伴组成两两倾听关系。变成摆设品的讲台被移到教室前方的角落里，学生一抬头就能看到黑板和多媒体屏幕，没有任何的遮挡。学生想要公开发表，可以自由灵活地来到 U 字型的中间，围坐在边上的同伴微笑地看着展示的同学，整个课堂洋溢着温暖、信任的气息。当天上课，我没有像往常教文言文一样，逐字逐句地翻译，也没有让学生一个个起来翻译，而是 4 人一小组，探讨预习中遇到的疑难字词，借助工具书解决。小组解决不了的问题，提交到全班探讨。当天学生的学习积极性非常高，以往不愿意动笔，上课喜欢打瞌睡的学生，都捧起《古汉语常用字字典》查找、辨析，找到最精准的释义。我看到每位学生都动起来了，于是就坐在一个小组边上，做一名安静的观察者。全班解决小组疑问，大家畅所欲言，各自发表见解，不轻易放过一个难点，学生不再把求助的目光转向我，也不再看我的脸色确认"标准答案"，而是自主探究，协同学习，他们感受到了学习的快乐。在学生的探讨中，我了解学生的知识结构、学习需求，学习的困惑点和障碍点，努力让自己的只言片语更具有引导性和针对性。40 分钟过得飞快，下课了，学生还聚在一起探讨。他们对 U 字型座位摆放所带来的温暖、开放、自由的感受，表现出极大的热情，对于课堂空间变化带来的学习方式更是着迷。从那以后，我和学生共同改变课堂教学模式，开始了学教翻转的学习共同体课堂的研究实践之旅。

　　U 字型的方式也同样适用于低年级的学生。对于小学一年级新生，首先要建立师生倾听关系，然后再是生生倾听关系。U 字型座位的摆放，让教师充分关注到每一位孩子，孩子和孩子并排坐在一起，不用再看着同伴的后脑勺，吃力地追随老师的身影。U 字型座位的摆放，让孩子的坐姿更加灵活自由，不用死板地将背挺直，双手平放在桌面上。我曾经到上海世博家园小学观芮莹老师给入学半个月的一年级新生上语文课，座位呈 U 字型排列，孩子感觉教师时时在自己的身边，时刻受到教师的关注。芮老师的身体或前倾，或下蹲，都是为了更好地和孩子建立倾听关系。遇到"不守规矩"的孩子，芮老师不再当众点孩子的姓名，而是若无其事地走到跟前，很自然地摸摸孩子的头，拍拍孩子的肩，巧妙地把孩子游离的注意力再引到课堂中来。课后研讨时，观察员提到由于学生人数众多，依然有教师关注不到的孩子，比如处于 U 字型两端、教师背后的座位"死角"的孩子。芮老师充分听取陈静静博士的建议,把 U 字型中间的空间缩小,加长加多 U 型底部的位置;U 型两边分成两半,中间空出通道;在课堂中间设置观察员点评环节,表扬倾听关系好的孩子,激励更多的孩子进入温暖、润泽的倾听场域。

(二)小组摆放形式

小组协作学习,多少人为宜?我所任教的高中班级一般有 40 人左右,经历了五人小组、四人小组、三人小组、六人小组等变化。一开始,我们考虑到教室空间不大,就把班级人数分成八组,每组五人,两个课桌并列摆放在一起,四张课桌两两相对摆放,还有一张课桌摆放在四张课桌的下端,就像会议室的主持人的座位。四位学生两两相对而坐,一位学生正对着黑板而坐。在协同学习中,学生慢慢地发现,面对黑板而坐的学生,有的成了探讨的中心人物,有的却成为被忽略的对象。一旦五人中有一人掌控话语权,另外的组员就会感觉到不平等,从而失去探讨的兴趣。一旦五人中有人游离在探讨之外,小组间的倾听关系就不能很好地建立。于是我们进行了调整。

我们把面向讲台的第五张桌子撤掉,变成四人小组的摆放形式,学生两两相对而坐,既能构成良好的两两倾听关系,在遇到冲刺挑战性难题时,又能形成很好的四人倾听关系。小组间的倾听关系建立了,但是在小组上台展示的时候,由于班级中有十个小组,有些组与组之间座位摆放不合理,造成通道狭窄,小组成员不能灵活地到台上与全班同学分享,教师在授课过程中也很难关注到教室后排的小组。于是,我们将小组与小组座位错落排列,让组与组的间隙更大,教师能自由地穿行在各组之间,观课的老师坐在学生旁边,也不至于感到拥挤。四人小组座位的摆放,给有稳定倾听关系的中高年级学生解决冲刺挑战性问题提供了可能。

班级人数并不都是整数,四四分组后,可能会出现落单现象,于是就出现了三人小组和六人小组。三人小组,学生与学生的距离近,探讨方便,也是比较好的一种座位摆放方式,如果教室空间大,学生人数少,可以考虑。可是,三人座位摆放方式也有缺陷。学生体验下来,不足之处集中在两方面:一是三人中如果有一人在探讨时不积极,很容易"落单";二是在解决冲刺挑战性问题时，三人的思维碰撞不够。学生们在摆放座位时，有时候会出现六个人挤在一起不愿意分开的情况。六人一组的优点是人多热闹，探讨更自由。可是不足之处更多：一是六人小组距离很远，很多时候探讨在两两间进行；二是六人共同体探讨，为了让对方听到，声音必须放大，有种闹哄哄的感觉；三是课堂探讨的时间有限，六人很难平衡话语权。

（三）课堂空间座位的灵活摆放

座位的摆放，可以按照课堂的需要灵活调整。我们可以摆放成"团队风格"，将课桌围绕教室组合，从而有利于教师与团队互动。也可以让座位围成半圆形，这样就没有学生背对着教室前面。组合几张桌子形成会议桌式的布置，这种布置可以将教师的重要性最小化，而将学生的重要性最大化。或者可以去掉课桌，将学生安排呈圆形。没有桌子或椅子，可以让学生产生最直接的面对面互动。还有"同心圆风格"、爆炸式分组、肩章式分组、礼堂式等，座位的摆放可以根据课堂的需要灵活设置。

四、空间转换促进语文学习方式的转变

《普通高中语文课程标准（2017年版）》明确语文是一门学习祖国语言文字运用的综合性、实践性课程。它还指出要"加强实践性，促进学生语文学习方式的转变"。新课标提出的自主、合作、探究性学习为主要学习方式，正成为凸显学生学习语文的根本途径。有学者指出："探究式学习作为目前课程教学理论视域和世界各国课程改革实践共同体关注的核心问题之一，是目前我国新一轮基础教育课程改革的一大亮点、热点和难点。"[1]教师在课堂实践中，往往会保持传统的惯性，把新的理念放到原有的接受式课堂组织结构中去，结果本应强调学生自主建构的探究式学习，变成了完全由教师拽着学生思维走的全程把控的伪探究式学习。

---

① 任长松.探究式学习——学生知识的自主建构[M].北京：教育科学出版社，2005：1.

出现这种情况的原因是多方面的，其中重要的两方面是高品质的学习设计和相互倾听关系的营造。如果说高品质的学习设计考验教师的专业课程设计能力，那么，相互倾听关系考验的是教师营造课堂学习环境的能力。而相互倾听关系的构建，在以往教师单向传递知识的课程中，往往是被忽视的——学生在课堂上只要保持安静就可以了。如果学生不做"闲事"、不说"闲话"，基本就和老师相安无事，至于听课效率高不高，就看学生个人学习态度和能力了。在自主、合作、探究的课堂里，教师设计探究式课题，或者说是冲刺挑战性的问题，让学生共同解决，这时候，学生可能探讨得热火朝天，但在全班分享时，却没有人愿意发言；有可能急于表达自己的观点，却很少会倾听其他同学的观点，尤其是不同的意见或质疑的声音；也有可能探讨不起来，只能由老师来打破沉默，回到单向传授的传统方式。

《普通高中语文课程标准（2017年版）》中也提出："教师要注意引导学生在自主学习的基础上，学会倾听和分享、沟通和协作，掌握探究学习的方法，提高实践和创新能力"，"要创设运用语言文字的真实情境，形成有意义的互动学习环境，帮助学生有效投入语文实践"。课堂转型对于教师的挑战是很大的，最大的障碍点可能不是教师舍不得把课堂的学习、探究的时间还给学生，而是给了学生时间和空间，学生却不会自主学习、不会合作。学生依旧像嗷嗷待哺的孩子，等着教师把知识嚼烂了来吞食。很多教师一看到学生不愿意探究、不会探究、探究效率低的状态，就急着回到教授传授学习的老路。课堂转型的萌芽才刚冒出来，就被无奈地消灭了。

课堂教学是由教师的"教"和学生的"学"组成的复杂活动，之所以复杂，是因为教师的风格各异，学生的学习具有差异性。课堂转型并不是教师做好准备就可以开始了，学生更要做好充分的准备。因为学生才是课堂学习的主人翁，是学习的主体。如何让学生意识到自己是学习的中心？与其说教，不如行动，把以教师为中心的教室空间转变成以学生学习为中心的学习场域。比如把讲台搬出教室，或者把讲台放到教室的一边去；比如教师给自己搬一把椅子，尝试着坐在椅子上和学生相互探讨；比如把秧田式的座位摆放变成U字型、四人小组式等，让学生面对学生。遇到未知时，让学生先尝试自己想一想怎么解决，自主探究学习发生了；听听小伙伴们怎么说，小组学生的协同探究学习发生了；听听全班的小伙伴们怎么说，全班学生的协同学习发生了；教师参与对话交流，师生之间的协同学习发生了。这个时候，相互倾听就发挥作用了，每一位学生的发言都得到他人的倾听，每一位同学的观点都得到尊重，课堂的包容性、支持性文化就形成了，学生学习的主动性就被呵护了。在这一文化中，每一位学生在更为宽松的学习经历中主动参与，是很有价值的。教师能巧妙地把学生独特的观点串联起来，若无其事地挖掘学生的障碍点，引导学生借助学习资源，进行深入探究的学习。空间转换改变语文学习方式，学生在差异中学习，师生共同创造新知的课堂。

21世纪是"课堂革命"的世纪。课堂不变，教师不会变；教师不变，学校不会变。课堂的转型并不体现在公开课、研究课中，而是扎根于日常课堂教学改革实践。教师在课堂这块专业发展的沃土上，对传统的座位做一些小小的改变，在课堂中构建相互倾听、协同学习的关系，保障每一位学生的"学习权"，让每一位学生获得真正的学习与成长，用自己的实际行动来实现一场"静悄悄的革命"！

倾听重构语文课堂教育生态

课堂上相互倾听的关系，能改变长久以来以教师为中心的"灌输式"授课方式，也能改变教师和学优生之间对话推进课堂的局面，最终将课堂变成以学生自主探究学习，同伴之间协同探究学习，师生共同成长的场域。倾听代表敞开、接纳、尊重和关怀的道德伦理；倾听与复杂的智慧和理智体验相伴随；倾听对方话语的过程也是厘清自己思路，接收并重整自己思维体系的过程；群体之间的相互倾听，会使不同的、多元的观点得到表达和尊重。研究结果显示，彼此倾听能让真实且深度的学习在课堂上发生。从教师的角度来说，以慎重的、礼貌的、倾听的姿态面对每一位学生，倾听学生有声和无声的语言。从学生的角度来说，要全身心地投入到倾听情境中，去感悟、理解教师或同伴所表达出来的多方面信息。

然而，以"倾听关系"重塑课堂文化生态困难重重。一方面，教师习惯用讲授的方法上课，课堂上少有时间去充分倾听学生的声音；另一方面，学生长期习惯教师采用讲授方法，课堂上不太愿意主动表达，也不愿意倾听同伴的声音。因缺乏相互倾听而引起的师生关系紧张、同伴关系不融洽，会使学生缺乏归属感，甚至于影响学生学习语文的心理。语文教师从知识的传递者、解说者转变成倾听者，可以说是语文课堂转型的第一道难关。

教师示范倾听，理解、接纳、尊重所有学生，让教育公平的实现成为可能。大部分自认为会倾听的语文教师，可能在课堂中会表现出听而不闻的状态，也就是看似很认真地倾听学生的话语，心里却想着权威的、约定俗成的说法。一旦学生没有说到自己期望的点上，就会打断学生，或追问，或引导，或重复，或急于给出答案。不会倾听的语文教师的课堂呈现出如下特点：教师话多，口若悬河，满堂灌；教师经常打断学生，不断提问，满堂问。教师扮演着语文知识传递者和解释者的角色，总是希望把自己知道的知识更多地传授给学生，或者让学生掌握解读文本的标准答案。然而许多灌输的书本知识对学生而言是脱离生活实际的抽象知识，不是和生活紧密相连的活生生的知识，未和学生的生活体验发生联结，加之在学习过程中碰撞出来的智慧火花没有被充分地重视，学生感受不到语文学习的兴趣。

语文学科内容丰富多彩、包罗万象，在知识的应用上也别具特色。一是综合性，即语文知识的应用是综合的，孤立地去掌握各项知识并无太大意义；二是模糊性，即语文的知识范围难有截然的界限，掌握的程度也难以精确地量化；三是个性化，语言学习的目的之一就是要使学生形成个性化的语言风格、独特的审美能力以及创造性地运用语言知识的能力。[①] 语文教师要以倾听来促进学生自主建构知识，和学生共同探讨、共同研究、平等对话，最终走向共同创造的课堂。

多年的语文课堂转型实践经验，让我发现教师要成为良好倾听关系的示范者，需要具备以下几个条件：

- 保障每一位学生的学习权。教师上课是为了每一位学生的学习，如果教师的焦点仅仅关注"上课"本身，不能直接面对关键的学生"学习"，往往会产生教师教过了，学生就学会了的假象。

- 营造安全、平等的氛围。教师要放下身段，以柔软、坦诚的姿态来面对学生，让每一位学生都能安全地发出自己内心的声音，尤其是让学习困难的学生，安全地在课堂上说出"我不懂"。教师了解学生的学习需求和学习困惑，正是课堂教学的立足点。

- 倾听并接纳每一位学生的发言。教师上课并不是把"好的发言"串联起来组织教学，而是把每一个孩子的发言都当作"好的发言""精彩的发言"来接纳，以此来形成师生间相互倾听的关系。

- 教师要把倾听能力的提升作为专业素养来锤炼。倾听并不只是面带

---

① 刘淼.当代语文教育学[M].北京：高等教育出版社，2005：8.

微笑、点头示意,也不是老师不说话、少说话,而是要认真地倾听学生言语背后的逻辑,倾听学生的学习需求,了解学生的兴趣点、障碍点和困惑点,倾听学生独特的观点,并能巧妙地把这些观点串联起来,让课堂成为"和而不同"的交响乐。

教师要成为一名倾听示范者,可以从以下几方面来进行实践探索:

● 教师呈现倾听者的姿态。身体前倾、面带微笑。眼里有学生,心中有大爱。一旦教师在学生面前表情自然放松,姿态和蔼可亲,学生自然会心情放松,更容易接纳老师的要求,理解老师的话语。教师的倾听者姿态,让学生感受到被尊重、被信任,为课堂上学生自主思考、协同探究的发生提供必备的条件。

● 教师尽量少说话,并且尽可能降低说话的音量。课堂转型要求教师从讲授者转变为学习设计者、组织者和倾听者。学生在自主思考、协同探究学习任务的基础上公开发表,教师不要随意打断学生的话语,不插话、不补充、不重复,让学生自由表达看法。教师讲解轻声细语,有利于学生更好地倾听教师的话语,并经过思考、辨别,最终纳入到自己的思维体系中去。

● 教师不评价学生的发言。不评价学生的发言,意味着教师对学生观点的尊重和全纳。一是不轻易表扬学生。有时候教师的一句"你说得太好了"也许鼓励了发言的同学,但可能会限制其他同学的思考,学生可能会想,同学已经说得那么好了,我还能说什么呢?二是不轻易批评学生。有时候教师的一句"我不是讲过了吗?你还是不会"可能会打击想要表达想法的同学。教师不评价学生的话语,以微笑的倾听者姿态,给学生自由表达的空间,也给教师了解学生真实学情的机会。

● 组建协同学习小组。将讲授的环境变成学生自主学习的环境,激发学生自主学习的动力,鼓励学生之间的相互学习。学生往往想把自己的观点表达给教师听,也最希望得到教师的首肯。课堂上只有40分钟,不可能每一位学生都有公开发表的机会。组建平等合作的协同学习小组,显得尤为重要。每一位学生都能在小组内发出自己的声音,每一位学生的声音都能被同伴接受,小组公共发表,代表的是全组探讨达成的共识。

- 建立师生、生生之间信任、关怀、平等、合作的关系。以倾听者的姿态接纳每一位学生,让学习困难的学生,安全地在课堂里说出"我有困难""我有问题",以敞开的心扉,及时获得同伴和老师的帮助。

有的老师可能会疑惑,教师要做倾听示范者,倾听每一位学生的心声,这话固然不错,但是如果学生的理解、表达有错误,也要倾听吗?答案是肯定的。因为学生是成长中的人,学生的知识结构和学习能力并不完善。学生犯错误是常见的,是真实存在的,这时候需要教师的理解和接纳,更需要来自教师和同伴的帮助。与其板起脸大声训斥学生不好好听课,不好好学习,或者打断学生错误的言论,灌输正确的道理给学生,不如耐心地倾听学生的发言,微笑着接纳,适时引发学生思考,让学生自己发现并纠正错误;或者让其他同学来提问、质疑,在对话中深入探讨学习,不断接近真理……倾听,让学生发出内心的声音,敢于袒露自己真实的学习状态,敢于接受质疑,并不断修正和完善自己。倾听,让错误转化为学生成长的契机,让每一位学生都能遇见最美的自己。

有老师会说,教师要倾听,要少说话,可是学生不愿意说啊。如果课堂上学生不愿意说,我们要分析具体原因,可以考虑以下因素:一是课堂氛围不够安全,师生、生生之间的关系不够平等。学生对学习不够自信,害怕出错,怕被老师批评或被同学嘲讽,或者怕被同学误解为"积极表现"等,不敢或不愿发出自己的声音。二是教师设计的学习任务太难,且没有学习支架,学生不知道怎么说。三是教师设计的学习任务学生不感兴趣,不愿意说。四是学生习惯了听老师讲,不太会表达自己的声音。原因可能还有很多,教师可以根据不同的学情,各个突破。有一点很关键,学生在课堂转型过程中,可能会有诸多不适应,这时候很考验教师的耐心,千万不能急,也不能随意去责怪、要求学生。

也有教师会说,教师要倾听,就不敢在课堂上多说话了。这也是教师不负责任的表现。倾听是最美的姿态,但前提是要倾听学生的学习需求,了解学习起点、学习兴趣和学习困难所在,了解学生的"迷思概念"和"认知冲突",以此来指导学习设计,调整课堂上的学习任务,灵活组织课堂,为正在生成的学习服务。倾听学生独特的观点,并能巧妙地把观点串联起来,形成现场生成的鲜活学习资源,为师生共同建构知识,共创课堂做好准备。会倾听的老师,一节课下来,能从头至尾复述每一位学生的话语,会梳理每一个发言背后的逻辑,把学生们的发言转化成宝贵的学习资源,而不会放弃任何一个促进学生真实学习发生的契机,更不会错过让学生进入深度学习的任何可能性。语文教学,本身是一门艺术。倾听,让教师充满智慧,懂得收放自如,懂得"四两拨千斤"。在这过程中,师生都得到不同层次的成长。学生不仅仅是接受知识的容器,教师不仅仅传授已有的知识,这些现有的知识经过师生的探讨、交流、辨析,超越了知识单纯意义上的传递,具备了重新建构意义、生成意义的功能。来自他人的信息为自己所用,自己既有的知识被他人的观点唤醒了,新的思想产生了,这也是语文学科所要追寻的课堂,也就是由倾听建构知识,由倾听共创新知的课堂。

U型理论的开创者奥托认为,我们不敢发出自己的声音,是因为外面有评判之声、嘲讽之声、恐惧之声。这时候要打开内在三器:开放思维、开放心灵、开放意志。允许内心的觉知涌现,最后采取行动。奥托提出四个不同的倾听层次:第一个层次是下载模式,比如"你总是说这些,听了上半句就知道下半句了"。第二个层次是客观倾听,能听取事实,包括与自己看法相左的事实。第三个层次是同理倾听,能明白对方的感受。第四个层次是向正在生成的未来场域倾听,整个人会变得更加安静、更加真实,人与人之间发生了联结。每一位教师都要不断修炼自己的倾听能力,努力达到倾听的第四个层次。这时候课堂不是教师的个人独白,而是与自己对话、与他人对话、与外在世界对话。

倾听是外显的姿态,以倾听重构语文课堂教育生态需要教师有语文教育理念的支撑。也就是教师对语文教育的本质、语文教育的价值、语文教育对象的看法,对语文教学、语文学习、师生关系、语文评价的理解。这些构成了语文教师的专业素养和教育哲学,也形成教师独特的风格。不管处于何种阶段,都可以问问自己:我希望自己的语文课堂是怎样的课堂?我希望语文课堂上的学生如何学习?我希望培养怎样的学生?一旦把学生看成学习的主体，把学生作为教学专业路上共同的研究者，教师在研究实践中形成了对这些问题的稳定性看法，所呈现出来的倾听，便是教师最美的姿态。

美国心理咨询师萨提亚提出"冰山理论"，即"自我"就像一座冰山一样。教师看到的往往只是表面很少的一部分——行为，而更大的一部分内在世界却藏在更深层次，如冰山般不为人所见，如学生的应对方式、感受、观点、期待、渴望、自我等。因此，真正的倾听，需要教师放下固有的成见，放下知识传授者的高高在上的姿态，"耳、目、心"等多种器官投入，全身心地进入学生的内心深处，感悟、理解学生所要表达的多方面信息。同时，唤醒学生的主体意识，体现出教育者应该具备的沉稳、关爱、宽容所应有的姿态。课堂中的相互倾听的师生关系，能使不同的、多元的观点得到表达和尊重，改变长久以来学生之间你追我赶的恶性竞争局面，改变学生独学、偷学、虚假学习的状况，最终将班级变成以学生自主探究学习，同伴之间协同探究学习，师生之间相互学习、彼此关照的场域。

相互倾听，让师生在精神上产生信赖和关怀，进而引发一种安全、愉悦的心理体验，从而构建以学生发展为立场的良好班级教育生态。

开学第一课：我如何营造倾听关系

佐藤学在《学习的革命》中提出："真正的学习是一种'协同学习'，是与世界的接触对话，并透过与教师、同学及自己的对话，来挑战学习的'伸展跳跃'。真正的学习，发生在'学习共同体'中。"佐藤学所指的真正的学习，是与为考试而念书的"勉强"不同的。他认为"勉强"与"学习"的相异点在于有无"相遇与对话"。在"勉强"的世界中，不会遇到任何新事物，也不会和任何人交谈，只是一种"透过教科书、黑板与笔记的'坐学'，是脑神经细胞的结合"。而学习是与人、事、物的相遇与对话，也是与他人思考或情感的相遇与对话，更是与自我的相遇与对话。

佐藤学提出21世纪是多元及彼此尊重差异、实现共生的社会，学习也应追求表达想法，和同伴讨论，同时对于他人的想法，带着谦虚、互相交流的心态学习。唯有实现透过人与人之间擦出火花的"协同学习"，"勉强"才有可能往"学习"的世界推进。而实现"协同学习"的基础，在于构建相互学习的关系，相互学习的关系则建立在"相互倾听"的基础上。我的语文课堂转型初期，学生"你说、我说、大家都说起来了"，课堂看起来很热闹，可是思维含量却不高，学生很快就失去了主动表达的兴趣。原因在于指向"我"的发言看似热闹，实际上只是个人表演的独角戏，缺乏与学习本质的对话，真正的学习也很难发生。我和学生慢慢地体会到，真正学习发生的课堂有一个共同的特点，那就是课堂处于一种安全、润泽的氛围之中，教师呈现"倾听"的身心状态和柔软的身体姿态，信任关怀，包容体贴；学生远离紧张和焦虑，呈现一种信任关怀、自然真实的学习状态，全身心沉浸在课堂学习之中。课堂的氛围是安全、安心、安静的，学生并不在于高谈阔论，而是相互聆听，接受他人的意见，并内化为自己的思考。学生思维的流淌如涓涓细流的小溪，宁静、自然、润泽。

学生倾听关系的程度影响语文课堂转型的效果。2019年下半年，我送走三年语文课堂转型培育出来的第一批学生，担任上海大学附属中学高二（10）班的班主任和语文教师。学生在高一之前习惯于听教师讲解，怎样让学生尽快适应语文课堂转型？如何在课堂上培育学生的倾听能力？我根据学生不同的需求，设计了系列开学第一课：《袋子里的老师》《我眼中的同学》《我和语文》等。

一、《袋子里的老师》：营造师生倾听关系

课前准备布袋一个，里面放置最能代表我个人特质的物品3~5件。学生按四人小组座位，两两相对而坐。

环节一：两两倾听游戏。

分享你和老师相处的故事。要求轻声细语，两人之间的谈话尽可能不要让其他小组同学听到。可供选择的话题：你有没有和老师相处愉快的事情？你有没有和老师发生冲突的事情？如果你是老师，将怎样和学生相处？

设计意图：学会用心倾听同伴的心声；用实际行动来表示对同伴的尊重；营造安全、安静的探讨氛围。

环节二：布袋里的老师。

每组派代表随机拿一样袋子里的物品，猜一猜物品和老师相关的方方面面；一人说，三人边听边记录，不插话，不打断对方；四人对重要问题展开讨论，汇总交流内容；小组公共发表，其他同学补充、质疑；学生汇总"袋子里的老师"的特点；教师逐一揭秘。

设计意图：选择代表教师个人特质的物品，引发学生对老师的兴趣；营造平等、信任的师生关系；小组成员学会基于相互倾听的探讨交流。

环节三：公共发表。

四人同时上台，一人代表小组进行汇报交流，其他小组同学认真倾听，

等小组汇报完毕后,再补充想法,或者提出疑问。

设计意图:四人小组共同发表,体现组间同学的平等;发表组员探讨共识的成果,让组员自信表达;锻炼同伴的倾听能力;让学生学会基于倾听的提问、质疑、探讨方法。

环节四:总结提升。

教师揭露谜底,简单陈述"我与物品"的故事。

设计意图:拉近师生之间的距离;明确教师专业成长对于学生的教育意义。

开学第一课,表面上看起来不是语文课的内容,却蕴含了语文真实而深度学习发生所需要的条件。

(1)冲刺挑战性任务。五件物品蕴含了我的成长经历、我的教育理念、我所做的教育研究、我的家乡、我的亲人等信息。小组同学拿到一件物品,需要猜出和我相关的信息。这就是一个冲刺挑战性的任务,小组同学在大胆假设、小心求证的基础上共同解决问题。由于问题聚焦,新老师的到来又是他们感兴趣的话题,小组成员很快进入全身心投入的深度探讨状态。

(2)协同学习。每一件物品都反映了老师的不同侧面,包含的信息是丰富的,需要学生协同学习,在相互交流探讨中丰富完善自己的想法。我要求学生先仔细观察物品,然后独立思考,每一位同学都写下猜测的关键词,然后再和同伴交流,记录同伴的观点。如果观点一致,看是否有补充;如果观点不一致,可以充分阐述,努力达成共识。最后汇总小组成员的看法,在全班公共发表。其他组的同学补充完善,或者提出质疑,小组成员最后得出结论。老师的揭秘和学生的猜测大体一致,学生得到了及时的反馈和鼓励,他们对自己和同伴的推理判断有了信心,体验到同伴协同学习的快乐和成就感。

(3)相互倾听关系。打破新学期教师和学生的诸多不适应,建构师生间相互倾听关系是核心。首先,"亲其师,信其道",学生了解教师的各个侧面,感觉教师也是一个有血有肉的人,自然而然地对老师产生亲近感。其次,教师设计挑战性任务,制定完成任务的要求,学生在倾听老师的指令下完成任务。经过探讨后，学生集中精力倾听老师公布的正确信息。在学生探讨、教师揭秘的过程中，师生之间因倾听而产生了心灵的联结，这时候，师生间就不再是冷冰冰的"教"和"学"之间的关系了。当然，学生协同解决任务的过程，也是构建生生、师生间相互倾听关系的过程。

二、《我眼中的同学》：培育生生倾听关系

为构建生生间平等、协作、信任、关怀的关系，培养学生间相互倾听关系，我设计了《我眼中的同学》一课。

环节一：画出你自己。

请学生把A4纸折成四宫格，在四宫格中分别画出如下信息：你的语文学业目标；你的语文学习特点；你目前的语文学习状态；你目前语文学习中遇到的困难。

设计意图：通过画画来表现学生语文学习的各个侧面，也让学生了解并反思自己的语文学习情况，激发学生直面困境的勇气。

环节二：两两倾听练习。

1. 学生两两面对面坐。

2. 1号给2号看自己画的画，向2号讲述3分钟，2号认真倾听，不说话，但可以用表情、动作来呼应。

3. 2号反馈"语文学习情况"1分钟，1号不说话，可以用点头、摇头来表示。

设计意图：说话者就自己画的内容进行交流，向对方诉说自己的语文学习状况，在表达中不断清晰自己的学习情况。倾听者设身处地地了解同学的语文学习情况，与自身产生共鸣，体会学习路上互相帮助、共同向前的感觉。

环节三：分享感悟。

感悟可以是语文学习方面的，也可以是认真倾听他人或自己所带来的奇妙感受。

设计意图：全班公共分享，训练学生相互倾听的能力，组成一个共同的学习场域，让同学们的关系更紧密。

第一轮倾听练习，1号说，2号听。我发现小组探讨的声音响，比较嘈杂，有学生笑着互相说，有学生还在低头画画，有学生并没有调整面对面坐的座位。我走过去，提醒他们遵守规则。有些学生有了改观，有些学生还是没有积极投入到练习中。

第二轮倾听练习，2号说，1号听。我再一次强调规则要求，特别提出轻声细语。这次练习比上一次声音要轻，同学投入度和完成度都比上一次要好。但依然有些同学没有参与，这些学生我都暗暗记下了名字，日后要多加关照。他们也许是感觉同学间的信任度还不是很高，也许是还没有准备好打开自己的身心。我看在眼里，心里却不急。学生观望背后的点滴值得我们关注，需要我们在日后的学习共同体建设中温柔以待。尽可能让学生在日后的语文学习中，重新认识自己的学习潜力，认识身边的人，认识外在世界。

分享感悟环节，一直倾听他人的宁静雯同学发言："通过这次活动，我感觉以往对待同学太浅层次了，我看到的只是很表面的东西，没有深入地去了解身边的人。我在画画的时候，才认真思考语文学习相关的问题。以前，我只是把语文课作为一门高考考试科目来学，没有对这门课投入应该有的热情。通过这次倾听练习，我以后对待语文学习的态度要更纯粹。"话音刚落，下课铃声响了。大家都表示遗憾。我从学生们会心的笑容和活跃的气氛，看出来学生相互关心，想了解更多同学的相关信息。我请大家把活动感悟写下来，择日再交流。

整个活动的设计是让学生先直面自己，分析自己的语文学习情况。因为是以画画的形象化手法呈现，学生没有心理压力，也不在乎画画技艺，尽情把自己内心深处的东西揭露出来，学生面对着"画"细心观察，相互交流辨析，产生心与心之间的联结。在分享过程中，有学生以追求高考成绩为语文学业目标，有学生以追求提升自我沟通交流能力及自身素养为目的。有学生对于语文学习的状态不太满意。有学生认为高中学业压力大，对语文学科不够重视；有学生提到语文学习费时费力，积累不够，但是不知该如何提升。

在相互交流中，学生发现不管是大家以往公认的学优生，还是学困生，都有困惑和不足之处，大家袒露心扉，觉得这不再是个人的事，与其背负着巨大压力影响学习，还不如温柔地对待同伴，温柔地对待自己，学会直面不完美的自我。有学生在感悟中提到：

我喜欢今天的语文课，虽然没有像往常一样上新课，但这何尝不是一堂反思语文学习方式的课？以前我总是不愿意学语文，觉得这个时间花费没啥意思，还不如做几道题来得有用。今天，我在看同伴的画时似乎看到了自己。我想，每一个人都不是孤独的，我们在学习的路上都有自己的困惑和不足。以后遇到不懂的，不用老是一个人思考，可以问问旁边的同学。通过倾听他人的意见，接受不同于自己的思考方式，对我一定会有帮助。原来枯燥的语文学习，也可以很快乐。

本堂课的倾听练习，给学生带来课堂转型的信息。从"传达到对话"的转换，也就是从注重获得累计知识技能的"勉强"，转换为以发言或作品表现自我思考，并与同伴分享及品味，追求实现"反思性学习"。

三、《我和语文》：营造师生、生生相互倾听的关系

（一）初步了解学生的语文学习情况

接收新的班级，需要多方面多渠道地了解学生的学情，一个最快捷最有效的办法，就是在课堂上和学生交流对语文学习、语文教师、语文课堂的看法。有经验的教师都知道，学生在公共场合或者面对老师发言，往往会选择大家认可的、老师喜欢听的来说，而会回避掉一些能暴露其短的，但却是现实学习中的常态问题。如何让学生安全、安心地说出真实的语文学习状态，而不仅仅是在群体和语文老师面前博得一个好印象？这有赖于巧妙的设计。

2020年9月，我担任上海师范大学附属第二外国语学校高二（3）班的语文老师，为了解学生之前的语文学习情况，我经过反思思考，设计了一个话题：你对语文学习/语文教师/语文课堂/学习伙伴有什么样的期待？

这里的核心词是"期待",从词典上的意思来看,是表示对未来的未知的某个时刻或者事物产生一种憧憬、向往。这就意味着学生说出来的,正是目前所欠缺的,或者是还未达成现实的。用一种对未来语文学习、语文教师、语文课堂、学习伙伴畅想的方法,来谈目前的学习状态。整个课堂会洋溢着一种轻松、自然的氛围,而不需要承受暴露自短而带来的压力,也不会陷入无法解决当前困境的不良情绪中。前提是教师要以倾听者的姿态出现,接纳每一位学生现有的学习状态,而不是带有挑剔或者评判的目的。

我采用了"开火车"的方式,让学生自选角度,自由发言。25位学生依次站起来回答。以下是学生回答实录:

表1-1 学生回答实录

语文学习	语文教师	语文课堂	学习伙伴
1. 讨厌抄书。 2. 希望找到语文学习方法,上课不要打瞌睡。 3. 背诵的内容不遗忘。 4. 希望文言文学习有突破,能在理解的基础上掌握实词,翻译句子,而不是背诵字词翻译;读懂现代文的深层内涵。 5. 阅读理解词不达意,希望老师教阅读的策略和方法。 6. 少背诵,多理解,希望有更轻松的办法学习语文。 7. 能学会语文学习的方法,提升语文学习成绩。	1. 分享一些背诵方法。 2. 教学生议论文写作思路、分析材料方法、选用合理的论证方法等。 3. 上课风趣、幽默些,不要总是讲成绩,讲高考。 4. 作业少布置一些。 5. 期待适合大家的教学方式,不要总是说个没完。 6. 希望能和语文老师相处愉快,下课能和老师聊天,讨论学习方法。老师上课时不要太凶。	1. 上课多拓展。比如了解文言文的时代背景、作者生平、风俗人情等。 2. 期待上课能合作学习,而不是只在公开课使用;希望能持续做下去,并有更好的学习效果。 3. 课堂要充满乐趣,不要死气沉沉。 4. 让热爱语文的同学,能学到有用的东西。 5. 高效课堂。 6. 语文课堂活跃一点。 7. 有吸引力,让大家都能全情投入。	1. 同学之间互帮互助,加强课堂上的交流。 2. 希望每位同学都自律,能认真听讲,不干扰其他同学学习。 3. 希望能分享好的语文学习方法。 4. 共享语文学习成果。

从学生的回答实录来看,初步可以看出学生之前的语文学习状态。一是学习方式单一。以被动听讲为主,以死记硬背方式居多,学生花在背诵上的

时间多，但遗忘快。二是课堂教学方式单一。课堂上以教师讲为主，学生容易打瞌睡，觉得语文课死气沉沉，学不到有用的东西。三是教师传授知识居多，对于阅读、写作策略方法涉及较少。四是师生之间的关系不够和谐。语文教师并未走进学生的生活。五是学生之间的"互学"尚未建立，学生以个人独学为主。

班级25位学生的真实发言，在一定程度上反映出当前高中生对于语文学习、语文教师、语文课堂和同伴关系的需求和愿望。学生的需求和课改的方向是一致的，体现出语文课标倡导的启发式、探究式、讨论式、参与式教学。教师在课堂上要帮助学生学会学习，掌握语文学习的方法，培养学生的兴趣爱好，激发学生的好奇心，营造独立思考、自由探索的良好课堂学习环境，而不是以教师的"满堂灌"，以应试为取向的知识和训练作为唯一的教学方式。

可是，真要在课堂上进行变革，这条路步履维艰。教师有课堂转型的决心，但是学生往往不会顺从地跟着教师改变。尤其是高中生，经历了小学、初中的传统课堂，经历了中考选拔分层的残酷，正面临着高考选拔的煎熬。高中生有思想有理性，大多明确自我学习需求和未来发展方向，但也深深地被高考选拔束缚。在强大的学业压力和有限的时间分配下，高中生最清楚哪门课能给他带来最大效益，哪门课值得他花费更多的时间学习，哪门课可以"蒙混过关"。如何让他意识到当前语文学习的问题所在？如何让学生产生内在学习方式变革的动力？如何让学生和语文教师成为课堂转型的同盟军，共同进行课堂转型的研究和实践？如何让学生成为课堂转型的既得利益者？如何促进师生的专业成长？这些都是语文教师需要考虑的。

（二）帮助学生了解语文学科

引导学生思考语文的内涵和外延，认识到语文学习的重要性，以及如何更好地学好语文，是让学生进行自我革新的第一步。我在课上设计了三个问题：什么是语文？为什么要学习语文？如何学好语文？

学生四人小组探讨，先让每一位学生独立思考，把三个问题的答案分别写在即时贴上,一种回答用一张即时贴。然后在海报纸上划分三个区域,分别用来贴上各自思考的成果。四人的想法都呈现在海报纸上,每个人进行充分交流,一起探讨,梳理汇总信息。在公共分享环节,所有组员都上台汇报,一人主发言,三人补充,其他小组认真倾听,补充或者质疑,重复的就不再赘述。教师倾听各小组的汇报,在黑板上完整呈现小组汇报的信息,和学生共同整理归纳,最后提炼出关于班级学生对这三个问题的看法。三个问题按照这个路径解决,总共用时 2 课时,总共花费 80 分钟时间。以下是高二(3)班学生对这三个问题的看法实录:

表 1-2　学生看法实录

什么是语文?	为什么要学习语文?	如何学好语文?
1. 语言文字。 2. 阅读和写作。 3. 语言文学。 4. 中华文化的传承。 5. 古今中外文学作品。 6. 口语表达、阅读理解、写作技能。 7. 思维工具。 8. 口头和书面语言的合称。 9. 教学生学习并运用语言文字的一门学科。 10. 培育和养成情感,塑造性情的一门真善美学科。	1. 弘扬中华民族优秀文化。 2. 提高素养,成为更优秀的人。 3. 在高考中取得好成绩,考进理想大学。 4. 丰富精神世界,提升自身素养。 5. 提高沟通交流能力,提升沟通有效性。 6. 获得很多知识。从阅读中汲取营养。 7. 打开了解外部世界的窗户。 8. 让我们看问题更深入,更有格局。 9. 增强个人魅力。 10. 在成长道路上进步。 11. 了解未知世界。 12. 为充实自己,多方面发展。	1. 态度认真、自律。 2. 多思考、多学习、多背诵、多看书。 3. 多读、多背、多记。 4. 理解每一篇文章的中心主旨。 5. 理解性看书,多与老师交流。 6. 要有写随笔的习惯。 7. 阅读经典。 8. 提前预习,了解背景。 9. 与同学多交流。 10. 常说、常听、常读、常写。 11. 既有兴趣输入,也有兴趣输出,要主动学语文。 12. 背诵经典文章。 13. 家长的熏陶,老师的引领。 14. 要有好的阅读习惯。 15. 注重积累。 16. 接触、欣赏不同语言文字的样式,比如京剧、相声等。 17. 语文老师要有专业素养,要用学生喜欢的方式,拉近经典和学生的距离。

学生对这些问题的探讨,是非常感兴趣的。有学生提到,从小学一年级

开始就学习语文，可是从来没有思考过这些问题，感觉非常有意思。这些问题的思考，让学生对语文学科内涵、语文学习价值和意义认识得更为深入。学生对于语文的认识，既有工具层面的认识，也有人文层面的思考。学生大多把语文学科看作一门基础学科，可以学习中华优秀传统文化，提高沟通交流能力，提升自身素养。对于如何学习语文，学生并不急功近利，大多认识到积累及听、说、读、写的重要性。难能可贵的是，学生对于语文教师的专业素养提出了要求，反映出当代学生的学习需求。

在充分听取学生分享之后，我摘录王尚文的《走进语文教学之门》第二节"语文"溯源中"语文"含义的部分介绍，以拓宽学生的视野。[①]

➢《汉语大词典》："①书面语言或文章。鲁迅《且介亭杂文·答曹聚仁先生信》：'语文和口语不能完全相同。'②语言和文字。如：语文程度（包括阅读和写作等能力）。③语言和文学。如：语文课本。"

➢《现代汉语词典》：①语言和文字。如：语文规范，语文程度（指阅读、写作等能力）。②语言和文学。如：中学语文课本。

➢《中国大百科全书·语言文字卷》："'语文'是一个整体，包括'语'（语言）和'文'（文字、文学、文化）两个方面。"

我又摘录了《走进语文教学之门》提到的有关学者对于"语文"的定义：

➢ 叶圣陶："国文教学自有它独当其任的任，那就是阅读与写作的训练。""语文就是口头语和书面语的合称。"

➢ 吕叔湘："'语文'就是'语言文字'，即字、词、句的学习，并不包括文学，即使是文学作品，也只是当作语言教学的材料而已。"

➢ 李维鼎："'语文'就是'言语'；'语文教育'就是'言语教育'；要言之，即通过听、说、读、写等言语活动去学习听、说、读、写的能力，以适应社会生活中听、说、读、写的需要。"

---

① 王尚文. 走进语文教学之门[M]. 上海：上海教育出版社，2007：13.

通过上面的介绍，学生发现，对于什么是语文，很难下定义。不论是语言文字，或者语言文学、文化，不同的回答都有其合理之处，关键在于对语文的认识，要抓住语文教育的某一特征或含义，从某一侧面深入语文教育的内在本质。这时，我插入《普通高中语文课程标准（2017年版）》对于语文课程性质的界定：

语文课程是一门学习祖国语言文字运用的综合性、实践性课程。工具性与人文性的统一，是语文课程的基本特点。语文课程应引导学生在真实的语言运用情境中，通过自主的语言实践活动，积累言语经验，把握祖国语言文字的特点和运用规律，加深对祖国语言文字的理解和热爱，培养运用祖国语言文字的能力；同时，发展思辨能力，提升思维品质，培育社会主义核心价值观，培养高尚的审美情趣，积累丰厚的文化底蕴，理解文化多样性。

课标并没有对"什么是语文"下定义，但是指出了语文课程的核心，那就是语言文字运用。在运用语言文字的同时，得到思想文化修养，体现工具性和人文性的统一。在此基础上，我向学生简要阐释了语文核心素养：第一，语言建构与应用，即学生在丰富的语言实践中，通过主动的积累、梳理和整合，逐步掌握运用规律，形成个体言语经验，进行交流沟通的能力；第二，思维发展与提升，通过语言运用，获得直觉思维、形象思维、逻辑思维、辩证思维和创造性思维的发展，以及深刻性、敏捷性、灵活性、批判性和独创性等思维品质的提升；第三，审美鉴赏与创造，通过审美体验、评价等活动形成正确的审美意识、健康向上的审美情趣与鉴赏品位，并在此过程中逐步掌握表现美、创造美的方法；第四，文化传承与理解，通过审美体验、评价等活动形成正确的审美意识、健康向上的审美情趣与鉴赏品位，并在此过程中逐步掌握表现美、创造美的方法。在这个基础上，我们又共同学习了新课标语文课程基本理念：一是坚持立德树人，增强文化自信，充分发挥语文课程的育人功能；二是以核心素养为本，推进语文课程深层次的改革；三是加强实践性，促进学生语文学习方式的转变；四是注重时代性，构建开放、多样、有序的语文课程。最后，我给学生简要介绍了部编版高中语文新教材。学生感慨：语文教学理念更新，教材新编了，语文学习方式也要改变！

和学生在课堂上探讨"什么是语文""为什么要学习语文""如何学好语文"，并不是要得出一个科学统一的答案，而是要让学生思考语文学科的本质，思考语文学习的意义和价值所在。只有对这些问题有所思考，或者说有稳定的认识，才会有语文学习方式的变革。语文课堂转型有了学生的参与和支持，才能真正走上转型之路。从学生的探讨来看，学生对于这些问题的认识是很深刻，很积极的，虽然学生对语文学科的发展没有经过系统的专业研究，但是他们是语文课堂实践的亲历者，所以他们对于语文学科的认识，有着和研究者一样独特的价值。学生经历了这堂课，对未来的语文课堂有了愿景，对语文学习也充满了信心。

为期一周的开学第一课结束了，高二（3）班的学生写下了感悟：

钱董宸：这几天的语文课让我对学习有了进一步的认识，对学习语文有了更加明确的目标，理解了语文学习并不是为了老师、家长，而是为了自己。这几天语文课上的"学会倾听"大大提升了学习的效率，之前在课上死活听不懂的知识，在静下心来听讲之后，竟然听懂了。我也在学会倾听的路上找到了属于自己的一套学习方法。这几天的语文课虽没有上课本上的内容，但却让我受益匪浅！

邵晓凤：这几天的课程是我先前从未接触过的，它不像传统的语文课——死板、无趣和大量笔记，这种形式让我学会了如何与同学交流、探讨、记录，也对批判性思维有了一定的理解。讲真的，这么安静的环境还让我有些不习惯，不过在这样的氛围下我的思维更活跃，想法更多了。

苏雨蝶：虽然这几天没有学习语文书上的内容，但也学会了一些东西。现在上课的方式与以前不同了，起初我并没有懂得这么学习有何好处，但通过课堂上的交流和倾听，对于最新教育理念的了解，我明白了其中的用意。目前，我在新课堂上学到的第一个关键词便是倾听，让我懂得倾听的重要性，以及倾听带给我的好处。但现在还没有讲到书上的内容，所以还是很期待的。

张佳诺：第一天的课程我学会了如何去倾听、倾听的意义等。第二天的课程我们从两人倾听练习到小组倾听，乃至全班倾听，学到了不可盲目地倾听，要批判地倾听。我也看到了小组间的凝聚力，我觉得这两天的课很好，让我受益匪浅。

王星宇：经过这几天的学习，我们已经习惯了新的课堂方式，以下是我对这种讲课方式的看法：一开始，我们对这种全新的讲课方式还不太熟悉，认为其效率低，对学习没有帮助。后来才意识到远不止于此。先前老师的教学方式几乎都是老师单方面教给我们知识，也就是"一个人给所有人"，而现在的教学方式则是"所有人给所有人"。确保每一个人都作为"参与者"参加讨论，以提升大家的思维能力，前提是要确保"每一个人"都有参与。我认为这是一种极好的教学方式。

王天贾：经过这两天四节课的语文学习，我觉得语文课与平常大不一样，使我感到非常好奇和激动。这两天课上完，一开始我有一些疑惑，觉得这两天的内容和课文无关。但回想过去，我个人发现，老师并不是不上课，而是以另一方向和思维带动我们对语文及其学习方式的认知，想让我们发自内心找到使自己进步的方法。如果找到，那今后的语文课堂将是高效率的课堂。这对其他学科的学习也有帮助。花一些时间找到有效的方法，比死学要快得多，让我收获更多。

吴叙霖：在过去几天的语文课堂里，我们都不同于往常那样翻开课本，而是回归自身。从第一节课中小组面对面交流，至今日小组分享交流，让我拾起了读书数十年来未曾重视过的一个关键点——倾听，明确了真正的学习，不是"说得好，记得好，答得好"便可，更关键的是学会倾听，从中认识到自身不足，从而改进。我也意识到我们现阶段的学习任务不再仅停留于"学"，而是"研"，更加明白了语文学习的核心素养，确立了"什么是学习""为什么学语文"等基本观念，为自己未来的学习清晰了理由，规划了方向。不错，脱离课本本身，我们仍能从"什么是学习"的问题上收获多多，在牢牢掌握课本知识之后，我一定会收获匪浅。因此，我对未来的语文学习充满期待，期待着尽可能在减压的学习方式下，取得更大的进步与成功。希望我们不负老师厚望，也不负自我期许，同老师说的一样，共同进步。望我们皆以梦为马，在如此灿烂的年纪里不负韶华。

陈思妤：学会倾听他人很重要，在自我层面的理解上也得到了升华，因为懂得倾听他人是学习过程中的一条必经之路。只有懂得了如何去倾听他人，才能在自我学习方面更上一个新台阶。

郑恩琪：我觉得很新鲜，很新颖。但是之前没怎么接触过这种上课方式，不是特别理解这种方式的意义。和以往上课不同，以往上课都是老师讲我们听，这种方式更多的是我们自己在思考，并且也要听，还要会记录会表达。这种学习方式能很好地培养我们自主思考的能力，思维更加活跃，但是不知道对于实际的考试是否有用。

卫筱筱：在这两天的准备课中，我学会了倾听，也知道它是很重要的。当伙伴在讲的时候，我可以从中选出一些有用的记住，可以从中学习到知识。我还知道了学习是什么，和伙伴相互学习也很重要。总之，这几节课上完之后，我觉得我学习到了一些之前没有学过的东西。

曹书豪：通过这两天的语文学习，觉得郑老师的教学理念十分先进和前卫，觉得比较新鲜。要让自己拥有倾听的能力，不仅仅是要学会安静倾听其他同学的观点、想法，还要学会用脑子思考和判断，拥有批判、质疑的精神。在这两天的课中，我觉得我不只学会了怎样倾听，还发现自己的思维比以前更活跃。这种方式打破了常规语文课的局限，为将来的运用做打算，希望自己在语文学科方面能有更大的进步。

汤润意：学习是一个过程，去求解未知，学、记、背。要学会倾听，倾听能更全面地认识自己，了解事情的全貌。学生是面向未来的，时代在更替，我们的眼界就不能局限于旧的事物，要学会运用新的目光欣赏这世界。去了解一些未了解、待探索的事物。

单雨玥：这几天的四节语文课改变了我对语文学科的看法。以前，对我来说，这只是一门用来考试、用来拿分的学科，并不会使我对它有别的看法。而现在，在这几节课的熏陶下，我深刻地理解了语文这一学科的重要性和前瞻性。它在现在乃至将来都会对我们有很大的影响。学好语文，不仅能帮助我们升学，还能为我们走上社会之后做铺垫，使我们适应未来社会的文化与节奏。总而言之，我对语文的兴趣已经被激发了出来，也很有信心能把它学好。

施逸菲：经过这两天的语文学习，我收获了不少，比如之前完全不同的语文教学方法及内容。小组学习让我学会了去倾听他人的意见，大家一起分享自己的观点与看法，一起上讲台给全班同学分享，是一件很开心的事情。以往的语文课堂十分枯燥乏味，只知道记笔记，背诵应背诵的任务，这样会十分疲惫。郑老师十分温柔，我十分喜欢这样的课堂教学。

韩正宜：这几天的课程使我了解了倾听的重要性，以及语文学习的核心素养，分别是语言的建构与运用，思维的发展与提升，审美的鉴赏与创造，文化的传承与理解。

周德东：这两天的语文课与之前的语文课大有不同。这两天的语文课采用的是小组形式进行讨论学习，一起学习、合作学习。在学习的过程中，我感觉挺充实的，完成之后有一种成就感。

唐符佳：这两天的语文学习，我学到了很多。人不能只说不听，要认真静下心来思考，会听比会说更加重要。老师的上课方式也与以往不同，新颖的方式会让我更加有学习的动力。在小组讨论中学会了团结合作，以及多倾听。倾听是一种重要的修养，期待以后的学习有进步。

曲柯宇：经过这两天老师的讲课，我深有体会。不知不觉间，老师在改变着我们，教会了我们在学会倾听的同时，要懂得思考和过滤。

华穆恺桀：学习许多关于语文的知识，如何更有效地学习和思考，在语文课堂里感受快乐。

乔天文：这两天的课程中，我明白了学习不只是听老师讲课，还要去倾听同学们的意见，而且要勇于分享自己的成果，并就自己疑惑的事情提出问题。

上面的文字，让我很是感动。我把这些文字原封不动地呈现出来，是因为写这些文字的孩子，只和我相处了一周的时间。而他们，是接受长达十年的传统语文教育，在语文应试教育中受过挫折的孩子——由于中考的失利，他们没能进市重点或区重点中学，来到了一所民办高中，也许他们在知道中考成绩的一瞬间，内心是崩溃的，对语文学习是不够自信的。可是，在高二的语文转型课堂，他们反思了语文学习，重新燃起了对语文课堂的希望。

　　佐藤学曾说"教师变了，课堂变了，学生才会变"。我想说，学生变了，教师变了，课堂变了，我们的教育生态就会变。在课堂转型的路上，我们以倾听为核心，踏出了坚实的第一步。我和学生，将会在课堂转型的路上遇到怎样的困难？我们将如何应对？我没有彷徨，没有害怕。因为在前行的路上，有学生、有同伴，我们并不孤单。我们带着倾听者的纯粹、温暖、平和和开放，就像联合国前秘书长汉玛斯克德说："你越是留意自己内心的声音，就越能听到别人的声音。"在前行的未知旅途中，一旦我们能够敏锐地察觉并照顾自己的感受和需要，就有能力迅速调整好状态，来倾听他人，和他人更好地向前！

第二章

语文课堂转型与高品质学习设计

高中语文课堂转型与高品质学习设计

新课程改革以来，教师基本接受"以学习者为中心"的教学理念，但类似浅体验、假对话、伪生成的现象依然存在。如果真实而深度的学习难以在课堂上发生，语文学科素养何以落实？又如何实现培养全面而有个性的学生的育人目标？

《普通高中语文课程标准（2017年版）》明确指出："普通高中语文课程应适应社会对人才的多样化需求和学生对语文教育的不同期待，精选学习内容，变革学习方式，确保全体学生都获得必备的语文素养。"语文学科育人目标的实现离不开教师对课堂教学的精心设计和组织实施。

一、当前高中语文课堂转型存在的问题

（一）浅体验：学生浅阅读直接影响语文课堂教与学的效果

从课堂教学结构来看，语文教学经历了从教师肢解文本到学生体验文本的教学主体性转型。大多数语文教师都清楚教学过程是让学生进入文本、体验文本的过程，课堂教学也从以往时代背景、作者简介、整体感知文本、概括段落大意、主旨分析、写作特色分析等教师讲解的范式，逐步转型为以学习任务为核心、以问题为导向的探究性学习设计范式。但在实际课堂教学中，存在学生阅读浅体验的现象，直接影响语文课堂的教学效果。

（二）假对话：浅表性对话引发的浅表性语文学习现象

从课堂教学方式来看，语文教学经历了从教师"独白式"课堂向师生对话式课堂的转型。但一些掩盖真实意图、游离探讨主题、没有思维含量的假对话依然存在于课堂上。主要原因如下：教师关注更多的是"如何教课"，而对学生"如何学"，也就是学生的身心特点、心理发展规律、内在学习需求、学习困惑等关注较少，难以真正激发学生学习语文的兴趣；教师设置的问题或者对话过程不具有开放性和真诚性，就算放开探讨，最终要落到教师预设的标准答案，抑制学生思维的开放与生成；小组合作学习"互相说"很热闹，话语权却落在少数有表达欲的学优生手中，大部分学生停留在听讲、记忆的浅表性语文学习中，催生低阶思维能力。

（三）伪生成：看似热闹的课堂不能保障学生的高品质学习

从课堂教学效果来看，语文教学经历了从按照预设的教案教学到课堂生成教学的转型。学生在课堂上的自主性加强，积极参与课堂讨论，但如果教师缺乏专业设计能力，很难将生成的教学内容转化为学生共有的学习资源。语文课堂的伪生成主要表现为：教师跟着学生的思路走，偏离学科本质或者文本核心价值；课堂探讨的问题多而不聚焦；教师面对学生自主建构的知识，缺乏必要的价值引导，导致学生浅尝辄止和随意解读的学习态度。伪生成的课堂看似热闹民主，但学生的高品质学习权难以保障。

语文课堂转型过程中出现的诸多问题，一方面造成课堂学习效率低下，另一方面造成教师在课堂转型路上的困惑和不坚定。"教学是教师的专业实践，这种专业性体现在通过专业方案的设计、实施与评估，以规范或指导学生的学习过程，即促进学生的学习。"[①] 教师需要走向高品质学习设计，切实提升学生语文学科素养。

---

① 卢明，崔允漷. 教案的革命：基于课程标准的学历案 [M]. 上海：华东师范大学出版社，2016：11.

二、语文课堂转型与高品质学习设计

(一)培育核心素养,以高品质学习设计为课堂转型的核心

有研究者指出,"课堂转型"是学校改革的核心。"核心素养"的培育意味着课堂教学范式的转型:从"知识本位"的"被动学习"转型为"素养本位"的能动学习。[1] 即教师从单向地传授知识转向设计有助于问题发现和解决的探究性、协同性、反思性的学习活动系统。对于语文课堂教学来说,语文阅读能力和写作能力不是在教师单向传授知识和功利化的训练技能中实现,而是学生在积极的语言实践中积累与构建起来,并在真实的语言运用情境中表现出来的语言能力及其品质。需要语文教师设计探索、表达、分享思想、学习成果的空间,来创造自主建构知识的领地。

当前,越来越多的教育研究者和实践者意识到学习设计的原理和方法极大地影响教育教学效果。学习设计是从学生多样化学习需求、认知能力和经验世界出发,设计学习任务框架,并以最合理优化的方式进行组织和呈现,使学生获得更好的学习体验和学习效果。[2] 从学生角度来看,高品质学习设计意味着语文学习方式的优化,更多的学习机会,更丰富生动的学习体验,更确切的学习成果,以及持续学习的可能性。从教师角度来看,高品质学习设计能让教师深入思考学习的本质,知道如何以有意义的方式组织和实施教学来促进语文学习的发生并且提高学生的理解。高品质学习设计指向深度理解和问题解决,产生创造性的思考和方案;帮助学生找到问题域,并以学生感兴趣的方式呈现;构建信任关怀的氛围,共同解决问题,形成超越原有认知能力的学习成果。

---

[1] 钟启泉.课堂转型[M].上海:华东师范大学出版社,2018:1, 33.
[2] 陈静静.指向深度学习的高品质学习设计[J].教育发展研究,2020(4).

（二）整合学科逻辑和学生学习经验，以自主建构知识为课堂转型的核心

认知心理学认为，知识本质上是建构的，是认知主体在与外部世界相互作用的基础上建构的产品。知识的建构本性及其客观性特征，要求解放学生知识质疑、知识批判、知识建构的权利。当然，学生也要遵守一定的认识规范，而不是随心所欲、不负责任地批判与建构。①

杜威认为，新知的建构须利用学习者本能的各种需要或兴趣，以学习者已有的经验准备作为起点，把新的种种事物和事件同较早的种种经验理智地联系起来。②学生所熟知的日常生活经验和语文学科知识之间，存在着大量真实的、自然的联系。但是，学生个人学习往往很难认识这种联系，需要高品质的学习设计引领学生专业发展。如果说学生的学习经验和语文学科逻辑知识是学习的起点和终点，那么教师要以合乎学生心理特点和心理发展顺序的方式来组织学习过程，将学生现有的学习经验引导到学科逻辑知识上来。教师了解学生已有的学习经验，知道学生建构过程中会遇到的认知困境，清楚学生要掌握的语文学科逻辑知识，并以此设计动态学习系统。

（三）设计挑战性任务，以形成创造性学习成果为课堂转型的方向

课堂教学的使命不是教师有效地传递知识，而是借由协同学习，促进知识建构。③维果斯基为课堂转型提供了理论基础，指出"在成人的指导与帮助下可能的问题解决水准与在自主活动中可能的问题解决水准之间的落差，可以界定为'最近发展区'"。教师以此设计课堂探讨的两大类问题：一是基础性问题，即结构比较简单，问题难度较低，解决办法比较单一，对心智难以造成很大的挑战，多数学生可以通过自主探索来解决的问题；二是挑战性

---

① 任长松.探究式学习：学生知识的自主建构[M].北京：教育科学出版社，2005：22.
② [美]杜威.我们怎样思维·经验与教育[M].姜文闵，译.北京：人民教育出版社，1991：215.
③ 钟启泉.课堂转型[M].上海：华东师范大学出版社，2018：1，33.

问题，即结构比较复杂，问题难度较高，解决方案比较开放多元，对心智的挑战比较大，多数学生很难通过自主探索来解决，而需要长时间思考、与他人协同合作，或者在教师及成人的指导下才能解决的问题。[①]挑战性问题是相对于基础性问题而言的。教师在"学生已有的发展水平"上设置基础性问题，激发学生已学知识、生活体验与当前学习内容之间的意义关联。在"学生可能的发展水平"上设置挑战性问题，借助同伴间的协同学习和教师的引领，让学生促进探究，引起深度理解，为迁移到其他情境和学科创造机会。

挑战性问题具有四个特点：一是指向关键概念、主题；二是激发已有知识、生活体验和当前学习内容之间的意义关联；三是打开思维，让所有学生投入其中；四是能不断激发学生的深度思考、热烈讨论、持续探究和新的理解。挑战性问题的设计是学习设计的核心，不仅要能体现语文学科本质的核心概念，还要能借助问题设计来帮助学生突破认知困境，形成深刻的见解。

认知科学倡导对话与交互作用、共同建构理解与知识的协同学习观。教师以挑战性任务为主要课题，营造信任安全、民主平等、彼此倾听的课堂氛围，在对话、交往、协商与合作的协同学习中建构知识，最终形成创造性学习成果。

课堂转型的条件是教学观念、教学体制和教师专业实践能力的同步变革。高品质学习设计对教师来说是挑战，也是专业发展的契机。教师要从教学设计的执行者、知识的传授者转向全面理解和把握学科本质、精准把握学情，充分考虑学生学习需求的高品质学习设计者、学生学习的促进者。在师生共同构建的学习共同体中，思考、体验、对话、辨析、创造，体会语言的美妙与精彩，思维的深刻与缜密，文化的独特与魅力。

---

① 陈静静.指向深度学习的高品质学习设计[J].教育发展研究，2020（4）.

新课标引领语文高品质学习设计

一、新课标对高中语文教学的新要求

"语文课程标准的修订是发展的需要，也是语文教师迫切的要求和心愿。""高中语文课程标准的修订立足本国特色，着眼国际视野，在坚持语文课程学科内容与育人目标相结合的改革方向的基础上，着重凝练语文核心素养以及调整课程设计和实施路径，提出学习任务群的组织课程的综合方法。"[①]

（一）核心素养是语文课程的根本

《普通高中语文课程标准（2017年版）》在"课程性质和基本理念"中明确指出："语文课程是一门学习祖国语言文字运用的综合性、实践性课程。""随着社会和教育事业的发展，语文课程更加强调以核心素养为本。""语文学科核心素养是指语文素养的核心要素和关键内容，主要包括'语言建构与运用''思维发展与提升''审美鉴赏与创造''文化传承与理解'四个方面。"新课标的课程性质改变了以教师的教为中心的教学模式，学习行为本身指向了语文核心素养而不仅仅是语文知识和技能的掌握。新课标提出的核心素养是"语言知识与语言能力，思维方法和思维品质，情感、态度与价值观的综合体现"。素养并不是在教师单向传授知识和功利化的训练技能中实现，是"学生在积极的语言实践中积累与构建起来，并在真实的语言运用情境中表

[①] 王宁. 引领语文课程改革走进新时代 [N]. 中国教育报，2018-03-07.

现出来的语言能力及其品质"①。素养并不是朝着某些狭隘的目的前进，而是指向学习者精神和心灵完善的追求。它既可能达成某些外显的目标，也能够内化为一种内在的修养，帮助学习者找到生活的意义。

（二）学习任务群是语文课程改革的亮点

核心素养是面向学生培养的，教学设计要从关注教师的"教"转向学生的"学"。新课标提出的学习任务群"是在真实情境下，确定与语文核心素养生成、发展、提升相关的人文主题，组织学习资源，设计多样的学习任务，让学生通过阅读与鉴赏、表达与交流、梳理与探究的自主活动，自己去体验环境，完成任务，发展个性，增长思维能力，形成理解和应用系统"。"学习任务群是一个新的提法，但仍是在过去教学实践中总结出来的，不是脱离实际的'花招'。"②新课标所说的"活动"，指的是"阅读与鉴赏""表达与交流""梳理与探究"这三件事。"任务"就是让学生把这三件事综合在一起去解决课程设置的问题。由此可见，语文课已经从以往教师照着教参备课、照着教案讲解的模式，或者说从课堂上以知识、文本、训练为中心转变为学生通过实践解决问题，积累语言文字运用的经验，增进语文能力，提升语文素养的新样态。教师要从思想上实现以学生为主体的转变，在日常教育实践中从学习资源的选择、学习情境的创设、学习活动的设计、学习环境的设计、学习方式的设计等多方面入手，着力发展学科核心素养。

（三）整合是语文课程实施的特点

"整合"是课程实施的特点。具体表现在：语文课程中的"实践性"和"综合性"是课程实施中的关键点；工具性和人文性的统一是语文课程的价值导向；注重读书思考、积累梳理和运用实践是语文课程实施的基本方法；语言、技能、知识和思想情感、文化修养等多方面、多层次目标是语文课程

---

① 中华人民共和国教育部.普通高中语文课程标准（2017年版）[S].北京：人民教育出版社，2017.
② 王宁.语文学习任务群的"是"与"非"[J].语文建设，2017（10）.

发展的任务。

新课标在多方面提到了"整合"。第一，课程内容要梳理和整合。"将积累的语言材料和学习的语文知识结构化，将言语活动经验逐渐转化为具体的学习方法和策略。"第二，课程实施要整合。"通过主题阅读、比较阅读、专题学习、项目学习等方式，实现知识与能力、过程与方法、情感态度与价值观的整合，整体提升学生语文素养。"第三，评价建议要整合。"整合诊断性评价、形成性评价、终结性评价等多种评价方式，考查学生核心素养的发展情况。"可以说，"整合"是语文生活化、实践化、综合化的集中体现。"整合"不仅仅是教师理念层面上的，更是体现在日常语文教学的设计中。具体来说，就是建立情境化、结构化、多样化的语文学习生态，促进学生学习方式的转变，引导学生在语言文字运用的过程中发现问题，探求解决问题和语言表达的创新路径。

二、高品质学习设计的路径和方法

学生要走出语文学习的困境，我们的课堂教学必须向能够促进学生深度学习的系统设计方向转型。教师要引导学生利用资源深度阅读、深度思考、深入梳理、深入探究、深度写作，引领学生解决问题，培育高阶思维能力。而要实现学生语文学科的深度学习，就要进行高品质的学习设计，这是课堂教学质量的重要保障。

（一）高品质学习设计的内涵和特点

学习设计是相对于教学设计而言的。传统教学中，教师熟悉的教学设计往往凸显的是学科的逻辑以及教师"教"的逻辑。"在这种逻辑中，学生的学习历程被简化、抽象化甚至被抹杀，容易形成学生'学习'的虚无状态。"[①]学习设计是为学生有效地开展学习活动，从学习者的角度为其设计学

---

① 陈静静. 佐藤学"学习共同体"教育改革方案与启示 [J]. 全球教育展望，2018（6）.

习系统。教师在遵循学习者学习起点、认知风格和学习历程的基础上，通过有效的学习设计将学生的学习引向深入。

为实现公平有质量的教育，本着保障每一位学生高品质学习的原则，教师需要进行高品质学习设计。佐藤学认为高品质学习设计是把学生学习的逻辑、空间、过程进行完整的展现，将所有学生的学习历程显性化，使教师最大限度地了解学生的动态学情，并根据学生的学习基础和特点，进行不断地调整和深化，最终提升学生的学习效果。基于高中语文课程标准下的高品质学习设计有以下特点：以语文核心素养为本；凸显文本的核心价值和学习价值；贴合学生学情，符合学生学习需要；提升学生的认知、思维水平；滋养学生的情感与心灵；提升学生综合素养。高品质学习设计是教师为学习者规划学习活动，将学生学习的逻辑、空间、过程完整呈现，在了解学生动态学情的基础上不断调整和深化的计划、活动和系统。

高品质学习设计的核心是教师教育理念的转变：不是"教师中心"，而是以"学生的学习"为中心。学习设计的重心在于高阶认知能力的形成。也就是以低阶认知能力为基础，瞄准高阶认知能力。课堂时间分配上尽可能留给"高阶思维"充足的时间。课前可以让学生搜集资料、提出问题等，学生带着问题在课上积极开展真实情境中的言语实践活动。

（二）高品质学习设计的路径和方法

1. 学习资源的选择

学习资源是教师在设计实施以及评价过程中能够利用的各种资源的总和。教材是最重要的学习资源，但教材的容量是有限的。学生成长在信息高速发展的新媒体时代，语文学习呈现出多文本、多情境、多样化的高度整合的样态。新课标指出，为满足普通高中语文课程多样化和选择性的需要，必须增强课程资源意识。除了教材、多媒体资源、网络资源，在语文学习过程中随时生成的问题、拓展材料以及学生成果，也是非常有意义的课程资源。比如高中的写作教学，新课标的学习要求是"自主写作，自由表达，以负责任的态度陈述自己的看法，表达真情实感，培育科学理性精神"。针对学生缺少"我"的观点、逻辑混乱、语言表述不清等问题,我设计写作学习任务,并从中抽取鲜活的写作学习资源。

表 2-1 "社会现象议论文"学习资源

学习任务	学习资源	
	主题	作文题目
1. 每周摘抄社会热点现象,写一段 100 字左右的点评,要求观点明确,理由充分。 2. 师生共同从学生摘抄的社会热点中提炼主题,比如:陪读、大数据、人工智能、科技改变教育等。 3. 师生共同拟定写作题目。 4. 教师搜集与主题相关的文献资料,精选能引导学生深入思考、探究、提升思想认识和思维品质的学习资源。	陪读	对于陪读现象,有两种截然不同的观点:有人认为陪读是合理的,应该提倡;有人认为陪读现象不合理,应该避免。你赞同哪一种观点?请阐述你的理由。
	大数据	有人认为,大数据为人们打造一个更安全、高效的社会;也有人认为,大数据将让人们生活在一个没有独立选择和自由意志的社会。对此,你是怎么看的?请写出你的观点并阐述理由。
	人工智能	苹果公司总裁库克认为,我不担心机器会像人一样思考,但我担心人像机器一样思考。对此,你怎么看?请写出你的观点并阐述理由。
	科技改变教育	科技的发展、信息获取渠道的公平,使学校获取知识和技能的功能弱化,有些学者甚至提出"学校可能会消亡"的论断。对此,你怎么看?

学习资源是生成、变化、建构的。学习资源并不是单一的教学材料,教师要有整合和转化学习资源的能力。比如"陪读"写作训练中的学习资源是从学生的摘抄中提炼主题的,"大数据""人工智能"是教师自主命题的;"科技改变教育"是师生共同命题的。教师选择补充学习资源的原则是为了引领学生深度学习。学生的摘抄、思维活动过程、阶段性学习成果等,都可以转化成学习资源。我们在选择学习资源中需要思考一些问题:为什么要补充学习资源?需要补充什么学习资源?补充学习资源与原有学习资源的关系是什么?多篇学习资源相互之间的关系是什么?什么时候呈现学习资源?如何呈现?这些问题考虑得越清楚,学习资源的作用发挥得越大。

2. 真实情境的创设

所谓情境是教师在教学过程中创设的情感氛围。所谓真实是指学生生活中已经遇到或者即将遇到的，能够激发他们主动思考、探究并去解决问题的状态。以"陪读"社会现象类作文课为例，我从网上下载安徽大别山深处"毛坦厂"中学的"陪读"纪录片，结合中科院调查的"陪读"家长数据以及身边"陪读"家长的新样态，让学生置身于"陪读"的社会现象情境中，关注生活中司空见惯但又复杂深入的社会现象。以自身视角切入，从中学会发现问题、分析问题，并且创造性地解决问题。

真实情境可以是社会中出现的场景，也可以是"虚拟"但有助于学生探究、解决问题的场景。只要是能引发学生关注社会，关注自然，关注身边人和事，发现并解决问题，激发学生积极开展言语实践的目的的情境，都可以算是真实的情境。教师在创设真实情境时要注意几个方面：第一，真实情境是建立在真实学习任务的基础上的，也就是教师要创设引发学生思考、探究欲的问题情境，让学生在与他人沟通、合作、交流中探究解决问题的新路径。第二，真实情境应该贯穿在学生学习的整个过程中，并不等同于氛围的营造和引入话题，只是起到引出学习任务的作用。真实情境下的言语实践活动，有利于培养学生探究意识和发现问题的敏感性。第三，真实情境要能引发语文实践活动，让学生在实践中完成所思所想到应思应想的学习提升过程。

3. 学习任务群的设计

学习任务群是新课标将国内外先进经验相结合所呈现的一大亮点，"所谓学习任务群，是在真实情境下，确定与语文核心素养生成、发展、提升相关的人文主题，组织学习资源，设计多样的学习任务，让学生通过阅读与鉴赏、表达与交流、梳理与探究的自主活动，自己去体验环境，完成任务，发展个性，增长思维能力，形成理解和应用系统"[1]。学习任务群的核心在于以教师的教为主变成以学生的学为主。一方面表现在教师角色的变化，由原来的知识

---

[1] 王宁.语文学习任务群的"是"与"非"[J].语文建设，2017（10）.

的传授者转变为学习任务的设计者、教学过程的组织者和推动者。另一方面表现在学生学习的变化,从以往的被动接受知识转化为自主探究学习。

学习任务群并不等同于多篇教学,而是根据任务来选择相应的学习资源。由于资源是根据学习任务选择的,所以教师不仅要考虑到资源之间的联系,还要考虑到对学生学习的促进。让学生在"阅读与鉴赏""表达与交流""梳理与探究"的实践活动中解决问题,进而积累语言文字运用的经验,发现联系,探索规律。

表2-2 学习任务群:外国作家作品研习

篇名	学习目标	课时安排	学习任务(课内)	学习任务(课外)	学习资源
《大卫·科波菲尔》	1.通过探究大卫·科波菲尔周围的人、事对他产生的影响,理解"成长"的内涵。 2.把握作品中人物的主要特征,体会作者通过外貌、语言、动作等方面的细节塑造人物形象的精湛手法。 3.通过比较狄更斯和大卫·科波菲尔人生经历的相似之处,探究自传体小说的写作特色。	第一课时:成长主题	1.交流预习作业,思考:大卫遇到的人和事,对他产生了怎样的影响? 2.大卫的成长经历给你带来了怎样的启示?	以10岁大卫的口吻,写一段关于成长的内心独白。	大卫的人生经历;狄更斯的人生经历;英国维多利亚时代的社会风貌;余华《十八岁出门远行》。
		第二课时:鉴赏人物形象	1.本文哪个人物给你的印象最深?谈一谈对这一人物形象的看法。 2.阅读相关资料,评析所选的人物形象。	1.评析米考伯先生这一人物形象的社会意义。 2.评析米考伯先生这一人物形象的艺术手法。	鉴赏人物形象的方法。
		第三课时:探究自传体小说特色	1.联系狄更斯的人生经历,看看与大卫·科波菲尔的相似之处。 2.赏析自传体小说的写作特色。	结合本文内容,赏析自传体小说的写作特色。	叙述视角;幽默手法;自传体小说。

续 表

篇 名	学习目标	课时安排	学习任务（课内）	学习任务（课外）	学习资源
《复活》	1.情节设置意图。2.人物形象的社会意义（心理辩证法、环境）。3."复活"的主旨理解。	第一课时：情节设置意图	请给《复活（节选）》部分拟小标题，结合文本来阐述理由。	结合所给文段，分析叙事视角的特点和作用。	全知视角。
		第二课时：人物形象的社会意义	1.你觉得他（她）是一个怎样的人物？结合文本，说出你的依据。2.托尔斯泰的小说善于在对人物的观察和感受中描写人物神态，你是如何理解聂赫留朵夫的"泪"和玛丝洛娃的"笑"的？	《复活》中的玛丝洛娃、《窦娥冤》中的窦娥、《祝福》中的祥林嫂和《雷雨》中的鲁侍萍，都有着被侮辱、被伤害的女性悲剧命运，探究造成她们不幸的社会根源。	心理辩证法、环境描写、典型人物的典型意义。
		第三课时："复活"主旨理解	有人认为，聂赫留朵夫和玛丝洛娃的复活，是精神的人战胜了兽性的人，道德的人战胜了非道德的人，对此，你怎么看？	福特斯认为狄更斯笔下的人物几乎都是扁平的，托尔斯泰笔下的人物都是圆形的，你是如何看待"扁平人物"和"圆形人物"的分类和价值的？结合具体的人物形象探讨你的看法。	扁平人物和圆形人物。
《老人与海》	1.细读课文，概括老人与鲨鱼搏斗的过程，体会老人这种"不被强敌打败"的精神。	第一课时："老人"人物形象	1.交流表格，概括老人与鲨鱼搏斗的过程，思考这是一个怎样的老人。2.小说反复描写老人的内心独白或自言自语（如真希望这是一场梦、出海太远了、承认自己从骨子里累了、真希望不用再搏斗了），这与不能被打败的精神是否矛盾？	1.圣地亚哥是一个_____的老人，请你根据课堂讨论和自己的阅读理解把横线补充完整，并作具体阐释。200字左右。2.通读小说，关注狮子、梦境、男孩等意象的内涵。	《巴黎评论》第1辑之"海明威访谈"。

续表

篇　名	学习目标	课时安排	学习任务（课内）	学习任务（课外）	学习资源
《老人与海》	2.把握老人与海的关系，探究"海"的象征意蕴。3.学习海明威的冰山理论，从而理解小说主旨的丰富性和深刻性。	第二课时："海"的象征意蕴	1.阅读课文中写大海的语句，说一说大海对于老人来说，意味着什么？2.阅读补充资料，在整本书的语境中，探究"海"的象征意蕴。	1.在《老人与海》这部小说中，"海"具有丰富的内涵。请对此加以阐释。200字左右。2.分析小男孩"马诺林"的存在意义。	《老人与海》整本书阅读。
		第三课时：海明威"冰山理论"	结合海明威的冰山理论，品味课文结尾几个段落文字背后丰富深邃的内涵，进而理解小说主旨的丰富性和深刻性。	从语言特点角度赏析语段（语段略）。	《老人与海》整本书阅读。
《百年孤独》	1.感受现代文明洪流对以"马孔多"为代表的土著文化、传统文化的冲击。2.体会"魔幻现实主义"艺术手法带来的特殊的审美体验。	第一课时：情节的象征意味	马孔多是一个怎样的世界？这个世界里的失眠症、失忆症具有什么样的意味？	1.结合补充文字，说说你对马孔多所发生变化的看法。2.探究马孔多集体患"失眠症"这一情节的象征意味。	《百年孤独》课外节选。
		第二课时："孤独"的内涵	小说中哪些人物是与孤独为伴的？阅读课文后填写表格。	体会魔幻现实主义手法带来的特殊审美感受。	《百年孤独》课外节选。

　　以上篇目选自部编版选择性必修上册第三单元，打破单课教学的传统思路，以学习任务群方式呈现。基于如下几点思考：（1）挖掘学习资源之间的内在联系。（2）以学生的学为主体。借助任务驱动，让学生读得更深、更广，写得更深。（3）拓宽表达方式的渠道。由单一的课堂师生间对话转化为多种表达方式。

4.冲刺挑战性问题的设计

学习设计的核心在于冲刺挑战性问题的提出。冲刺挑战性问题是佐藤学借助"维果斯基理论"提出的,认为学习课题应该设定在"学生已有的发展水平"与"学生在教师和同伴帮助下能够达到的可能的发展水平"的"最近发展区之内",要尽可能具有挑战性。在教学中,为促进学生对某一特定主题内容的理解,激发知识间的联系和迁移,加深自己的理解,我在"学生已有的发展水平"上设置基础性问题,目的是激发学生已学知识、生活体验与当前学习内容之间的意义关联。在"学生可能的发展水平"上设置挑战性问题,目的是借助同伴间的协同学习和教师的引领,让学生促进探究,引起深度理解,为迁移到其他情境和学科创造机会。

表2-3 问题的设计

篇 目	基础性问题设计	挑战性问题设计	问题来源	挑战性问题设计方法
《县委书记的榜样》	细读文本,填写梳理情节表格。思考:焦裕禄具有怎样的精神品格?	有人认为:"焦裕禄精神固然可贵,但如果注意保护好自己的身体,是不是可以作出更大的贡献呢?"对此,你怎么看?	教师对文本的理解与设计。	思考文章哪些部分学生能够读懂,哪些部分学生难以理解,即找到认知困境,以此作为挑战性问题的来源。
《想北平》	细读全文后思考,作者写了怎样的北平?	文中"我真爱北平。这个爱几乎是要说而说不出的"。但作者又在文中说了一大堆对北平的情感。有人认为作者很矫情,也有人认为作者很真挚。你怎么看?	预习单中学生的疑问或提问。	设计预习单,询问学生对文本不解之处,根据学生的问题来设计挑战性问题。
《变形记》	小组交流阅读感受或疑问。	卡夫卡为什么把格里高尔变成一只甲虫?	课堂生成,教师现场捕捉到的疑问。	设计开放性问题,课堂上根据学生的回答找到认知冲突之处,现场生成挑战性问题。

以上篇目都设置了两个层级的问题,基础性问题设计凸显"指导性"。

具体表现为教师把提出问题作为揭示所需理解内容的一种手段，引导学生向更深入理解的方向进行探究。挑战性问题设计凸显"开放性"。具体表现为教师把提出有争议的问题作为一种手段，挑战学生更深入地、创造性地思考。问题的设计都遵循如下原则：（1）指向语文学科本质和文本的核心价值。（2）聚焦于推理过程，而不只是关注答案的获得。（3）帮助学生对所学知识达到更系统、更深入的理解。

5. 学习方式的设计

新课程标准在"基本理念"提出"加强实践性，促进学生语文学习方式的转变"。与教师灌输、学生听讲这种传统学习方式不同的核心在于"实践性"。学生运用自己的智慧，寻找合适的方法，采用多种有效的形式，通过实践去解决问题，扩展积累，在梳理、探究的基础上发现蕴含的语言运用规律。语文课堂要打破以教师为中心的"秧田式"座位，取而代之的是以学生为中心的小组摆放座位方式。为便于同伴之间高效开展协同学习，需要制定相应的学习规则与方法。以下是我和上海大学附属中学2019届学生讨论确定的学习规则：同桌两人轻声细语地交流，充分倾听、记录同伴观点，不打断对方，互相补充、质疑、澄清；重点问题四人轻声细语地讨论，轮流发表意见，互相尊重，以形成组内的共识性观点，或提出组内疑问；四人共同公共发表，其他人认真倾听、记录、整理，不打断他人。其他人陈述完整后，可以补充、提出质疑，或回答其他组的问题。

学生学习方式的转变有赖于教师角色的变化，从传授者转化为设计者、倾听者、组织者。教师从"一言堂"的言说者转变为"还学生完整的生活体验"的倾听者，要在课堂上学会等待、串联和反刍。表现在如下方面：一是能够等待学生形成自己的解决方案，并给学生机会说出自己的不懂之处；二是不急于评判学生的观点好或者不好，尽量减少话语串联，可以采用动作或者记录等方式串联；三是学生的答案与自己的预期有出入的时候，不急于否定，可以回到文本，回到基本概念与原理。向学生确认：你是从文本中的哪里看出来的？你的这种方法是如何得到的？从单纯的串联到教师等待、倾听，学生之间相互串联、提问，形成复杂的互动网络。

走向深度学习的高中语文学习设计

——以《我们是怎样过母亲节的》为例

《普通高中语文课程标准（2017年版）》对教师提出明确要求："应关注学生学习方式的转变，做好学生语文学习活动的设计、引导和组织，注重学习的效果。"[①]但是，长期以来语文教师以现成知识讲授者的身份自居，较少考虑学生知识的自主建构和创造，往往从"如何教"的角度来进行教学设计，而较少从促进学生深度学习的角度来进行学习设计。从教师设计思路来看，以教师的教为中心，较多考虑语文学科的基本逻辑，较少考虑学生的学习需求和学习困境等，学生的真实问题往往在课堂上得不到解决；从实际课堂教学来看，对本学科和学段的内容缺少系统性把握和理解，课堂上讲解的知识细碎、庞杂，问题多且缺少应有的逻辑关联，学生难以把握教师教学的真正意图，只能被动参与到课堂学习中，对学习缺乏兴趣，难以产生真正的迁移和创造性地解决问题的能力。长此以往，许多学生在课堂上成为教师的配合者和应对者，甚至成为"观光客"，他们在课堂中处于"虚假学习"和"浅层学习"的状态，学习效果堪忧。要使学生从浅层学习走向深度学习，教师一方面要关注学生的多样化学习需求、认知能力和经验世界，另一方面要提升自身的学习设计力，以高品质学习设计为学生创设更好的学习环境、

---

① 中华人民共和国教育部.普通高中语文课程标准（2017年版）[S].北京：人民教育出版社，2018：42.

学习体验、学习过程,从而使学生获得更好的学习成果,并不断深化自身的学习与探索。因此,走向深度学习的学习设计力是教师必须具备的能力素养,也是保障每一位学生学习权的必然选择。

一、深度学习的内涵与特征

(一)深度学习的内涵

20世纪70年代,美国学者弗伦斯·马顿(Ference Marton)和罗杰斯·萨尔乔(Roger Saljo)首次提出并阐述了"浅层学习"和"深度学习"的概念。相较于鼓励记忆和非批判性接收知识的浅层学习,深度学习是指在理解的基础上,学习者批判地学习新思想和事实,将它们融入原有的认知结构,在众多思想间进行联系,并能够将已有的知识迁移到新的情境中,做出决策和解决问题的学习。[1]事实上,布鲁姆在《教育目标分类学》(1956)中关于认知维度层次的划分中就已经蕴含了"学习有深浅之分"的观点。布鲁姆对认知领域学习目标进行了分类,依次为"记忆、理解、应用、分析、评价及创造"六个层次。其中,浅层学习的认知水平停留在前两个层次,而深度学习的认知水平对应后四个层次。也就是说,浅层学习处于较低认知水平,是一种低级认知技能的获得,涉及低阶思维活动;深度学习则处于高级的认知水平,涉及高阶思维活动。[2]美国教育研究会将深度学习进一步细化为认知、人际、自我三大领域,形成深度学习在领域维度与能力维度的兼容性框架。

---

[1] Marton.F, Saljo, R.*On Qualitative Differences in Learning*: *I-Outcome and Process* [J].British Journal of Educational Psychology, 1976, (46).
[2] Bloom, B.S., Englehart, M.D., Furst, E.J., Hill, W., &Krathwohl, D.R.Taxonomy of educational objectives.Handbook 1: *Congnitive domain*.[M].New York: Longmans, Green, 1956: 13, 51.

表2-4 深度学习在领域维度与能力维度的兼容性框架

领域维度	能力维度
认知领域	掌握核心学术内容
	批判性思维和问题解决
人际领域	有效沟通
	协作能力
自我领域	学会学习
	学术心志

（资料来源：American Institutes for Research.Evidence of Deeper Learning Outcomes[DB/OL].[2017-04-08].https：//www.air.org/sites/default/files/downloads/report/Report_3_Evidengce_of_Deeper_Learning_Outcomes.pdf.）

国内有学者认为深度学习是基于学习者自发的、自主性的内在学习动机，并依靠对问题本身探究的内在兴趣，长期的、全身心投入的持久学习力。从动机情感、认知、人际三大领域重构深度学习模型：从动机情感领域来看，深度学习是全身心投入，进入一种忘我状态；从认知领域来看，深度学习是深度理解和掌握，指向高阶思维、问题解决能力；从人际领域来看，深度学习是学习者能自我接纳，与他人有效沟通，并能协同解决问题。[①]

（二）深度学习的特征

美国威廉与弗洛拉·休利特基金会（The Hewlett Foundation，2012）基于深度学习是学生在急遽改变中的世界里获得成果所需的知识与技能，提供了关于深度学习的6个主要特征清单：一是掌握核心学术内容，即学生对每门课程的核心概念的理解，懂得如何将这些概念联系，如何运用所获得的技能从事同一内容领域或其他领域更高级的学习；二是批判性思维和问题解

---

① 陈静静，谈杨.课堂的困境与变革：从浅表学习到深度学习——基于对中小学生真实学习历程的长期考察[J].教育发展研究，2018（Z2）.

决；三是合作，从积极倾听他人观点，到多种思维方式的情境中的冲突解决；四是书面和口头交流；五是为学会学习做好准备；六是学术思维。[①]

我多年来在高中语文课堂上实践学习共同体，以走向深度学习的高中语文学习设计为载体，从人际、认知、动机情感三大领域来培育学习者，并采用"焦点学生完整学习历程观察与关键事件分析"（LOCA Approach）的课堂观察新范式，对学生的学习进行研究，发现走向深度学习的学生在课堂上呈现四个主要特征：一是全身心的投入。学习者在认知、情感及行为方面积极投入。二是复杂的思维过程。学习者基于理解的学习，关注深层次的信息加工、主动的知识建构、有效的知识迁移以及真实问题的解决。三是丰富的学习成果。关注学习者认知结构的完善，关键能力的发展，复杂情感的体验。四是持续深化学习的状态。指向学习者的终身学习和全面而有个性的发展。

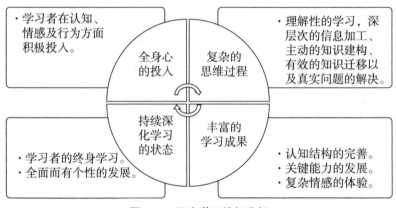

图 2-1　深度学习特征分析

深度学习可以理解为一个过程，学习者通过这一过程，能够将一种情境中所学的知识应用于新情境中。通过深度学习，学习者超越死记硬背或程序性知识，获得学科领域的专业知识，并能理解如何、为何应用所学知识。当学习者认识到新的问题或者情境与之前学到的知识发生关联时，能够运用学

[①] [美]詹姆斯·A·贝兰卡.深度学习：超越21世纪技能[M].赵健,主译.上海：华东师范大学出版社，2020：5.

到的知识和技能来解决问题。①因此，深度学习最主要的特征是知识和能力的迁移与创造。

国内外研究者对于深度学习发生机制的探索，反映当下课堂深度学习的实践需求，引发教师探索走向深度学习的学习设计与实施的策略和方法。

二、范式转换：从教学设计到走向深度学习的学习设计

（一）高中语文的课程定位

当前背景下的高中语文教师要以课程标准为依据，从高中生的特点和需要出发，进行系统的学习设计，从而不断提升学生的学习质量。课程标准中指出"普通高中的培养目标是进一步提升学生的综合素质，着力发展核心素养，使学生具有理想信念和社会责任感，具有科学文化素养和终身学习能力，具有自主发展能力和沟通合作能力"。提出语文作为一门实践性课程，教师"要引导学生在语言文字运用的过程中发现问题，培养探究意识和发现问题的敏感性，探求解决问题和语言表达的创新路径"②。

新课标课程性质改变了以教师的教为中心的教学模式，学习行为本身指向了语文核心素养而不仅仅是语文知识和技能的掌握。素养并不是在教师单向传授知识和功利化的训练技能中实现，是"学生在积极的语言实践中积累与构建起来，并在真实的语言运用情境中表现出来的语言能力及其品质"③。核心素养要求我们从关注教师的"教"转向学生的"学"。也就是在真实情境下，确定与语文核心素养生成、发展、提升相关的主题，组织学习资源，设计多样的学习任务，让学生通过阅读与鉴赏、表达与交流、梳理与探究的

---

① ［美］詹姆斯·A·贝兰卡.深度学习：超越21世纪技能[M].赵健，主译.上海：华东师范大学出版社，2020：2.
② 中华人民共和国教育部.普通高中语文课程标准（2017年版）[S].北京：人民教育出版社，2018：3.
③ 中华人民共和国教育部.普通高中语文课程标准（2017年版）[S].北京：人民教育出版社，2018：4.

活动，自主体验，解决问题，发展个性，增长思维能力，最终形成理解和应用系统。由此可见，语文课已经从课堂上以知识、文本、训练为中心转变为学生通过实践解决问题，积累语言文字运用的经验，增进语文能力，提升语文素养的新样态。

（二）走向深度学习设计

从目前高中语文教学的现状来看，以教师教为中心的教学方式，仍然占据很大的比例。学生在这样的课堂上缺乏语言实践的机会，因此自主和运用语言的能力得不到有效发展；同时，由于受以教师教为中心的观念影响至深，教学设计思路以语文学科基本逻辑为主，课堂上以传授知识为主，较少考虑学生的学习需求、认知困境等，所以教学设计往往不能解决学生的真实问题。学生缺少对语文问题的提出、分析、思辨和探究的过程，思维能力也得不到锻炼，更难以提升审美、表现美、创造美的能力。学生之间难以产生联系，教师和学生之间也成为单向度的信息传递，这对于培养和锻炼学生自主发展能力、协同解决问题的能力也是极为不利的。

实际上，高中阶段的学生无论从生理方面、心理方面还是学习基础和准备方面，都是比较成熟的。高中生的学习能力已经接近成人，求知欲和探索欲最为强烈，这个时期的学生有比较强的自我意识，同伴之间的关系也比较稳固，需要教师及时引导，转变学生的学习方式。即从被动、个人学习向自主、协同学习转变。教师应该给学生更多的自主阅读、思考和写作的空间，创设和谐、平等、温暖、协同的学习空间，用"挑战性学习任务"的方式来引导高中生进行相互的探讨、交流、提问、阅读和展示，从而提升学生的学习效果，使学生真正会学习，热爱学习。

深度学习的主体是学生，但学生深度学习的实现离不开教师对学习的精心设计和组织实施。学习设计是以学生的学习为中心，为学习者设计学习的活动系统。走向深度学习的学习设计则是从学生多样化学习需求、认知能力和经验世界出发，设计学习任务框架，并以最合理优化的方式进行组织和呈现，使学生获得更好的学习体验和学习效果。强调学习任务与学习者的经验世界相联结，注重发挥学习者的主体性并增加其归属感，将有效的学习建立在学习者知识、经验、兴趣、动机与信念之上，且在学习中实现知识迁移。教师要从以教师的教为中心的教学设计走向以学生的学为中心的深度学习设计，就不能只考虑学科逻辑，还得考虑学生的学习需求和学习逻辑，其中既包括学生整体学情，也包括学生个性化的、发展性的需求。

走向深度学习的高中语文学习设计，要以语文学科核心素养为纲，以学生的语文实践为主线，设计高品质学习任务。不是学科知识逐"点"解析、学科技能逐项训练的简单线性排列和连接，也不是教师大量讲解分析的教学模式。而是要实现学生学习方式的根本性转变，即以自主、合作、探究性学习为主要学习方式，在安全平等的学习氛围、温暖平等的伙伴协同学习下完成高阶挑战的学习任务，从而真正实现语言、知识、技能和思想情感、文化修养等多方面、多层次学生发展目标，使深度学习成为可能。

三、高中语文深度学习设计与实施策略

学习设计是个系统工程，需要教师根据学生学习的心理、认知、情感等多方面的需要进行整体设计。我以《我们是怎样过母亲节的》为例，具体阐述走向深度学习的高中语文学习设计与实施策略。

《我们是怎样过母亲节的》是高中《语文》（沪教版）第一册第二单元的一篇自读课文，所属的单元主题是"美好亲情"。这篇文章是加拿大幽默作家里柯克的代表作，描绘了一个幸福美满的家庭在过母亲节时有趣又耐人寻味的经历：人人都热爱自己的母亲，个个都想在"母亲节"里表示自己最虔诚的爱心，让母亲快快乐乐、安安静静地度过这美好的一天；无奈每人都有自己的"特殊情况"，母亲在自己的节日里反而比平日更加劳累。作家擅长从司空见惯的日常生活中提炼出不合理的东西，将幽默根植在期待生活和实际结果的反差中，使人读后在笑声中领悟亲情的分量，涵咏母爱的内涵，由此带来自己的思考。

我曾以"里柯克是怎样用幽默来表达文章意蕴的"来展开教学，该问题关注到了文本的核心价值，即从幽默语言形式入手，发现文章深层次的意蕴，但未关注学生已有的认知体验和学习需求，一是学生对于西方作家的幽默语言运用方式不熟悉，二是"意蕴"概念远离学生探究文本的本能经验和需要。学生按已有生活和认知经验，通过细读文本，能发现母亲在母亲节这一天更辛苦劳累的悖反现象。就本文而言，引领学生发现字面意思背后的深层意蕴，进而对母爱有深入解读；领会里柯克幽默的语言特色，能从幽默的语言特色入手去解读里柯克其他作品，这是深度学习设计的老师所要思考的，也对老师的学习设计能力提出了高要求，即在关注学生学习需求和学习逻辑的基础上，给予学生语文学科专业的引领，让学生掌握核心学术内容、批判性思维和问题解决能力。

（一）学习目标设计

格兰特·威金斯提出最好的设计是"'以终为始'，从学习结果开始的逆向思考"[①]。逆向思维可以帮助设计者确定高阶认知能力的学习目标。从高中语文学科视角来看，如果学习目标仅限于所教文本需要学生掌握的知识、技能，那么学生获得的知识可能会枯燥、零散，难以发生迁移能力。如果学习目标能依据课程标准要求，遵循学生学习发展规律，结合单元学习目标、文本的特点综合而来，那么学生有可能在理解大概念的前提下，将已有知识迁移到新的情境中，做出决策和解决问题。《我们是怎样过母亲节的》一文对应课程标准"文学阅读与写作"学习任务群，旨在引导学生阅读外国小说，使学生在感受形象、品味语言、体验情感的过程中提升文学欣赏能力，借以提高审美鉴赏能力和表达交流能力。高一学生对母爱内涵有认识，熟悉母亲无微不至的照顾和无条件的付出，通过仔细阅读，能关注到家人的自私、感受到母爱的无私和伟大，但学生对母爱可能会存在认识不深、浅层次、概念

---

① ［美］格兰特·威金斯，杰伊·麦克泰格.追求理解的教学设计[M].闫寒冰，宋雪莲，赖平，译.上海：华东师范大学出版社，2017：15.

化的倾向。甚至会有学生只关注字面的意思,为母亲打抱不平,进而产生对以父亲为代表的家庭成员的批判,造成对文本简单化、片面化误读。为此,我将"发现字面意思和深层内涵之间的矛盾,领悟里柯克幽默的语言特色,深入理解母爱的内涵"作为本课的学习目标。

要实现这样的学习目标,教师就要思考哪些可以通过学生自主学习来达成,哪些需要学生之间的相互协同来达成,怎样的环境、问题和活动的设计,能够让学生投入到阅读、思考、讨论中去。学生们不但要把自己对文本的理解表达出来,而且能够通过同伴的互动来提升对问题的思辨能力。学生通过表达观点、相互倾听、辨析观点、扩展阅读的方式,来加深对文章主旨和写作手法等的深入理解,从而产生属于学生自己的探究过程与学习成果,对文本的学习会更加投入和持续。

(二)学习环境设计

为使学生获得心理安全,信任关怀的学习环境的创设必不可少。学习环境中的平等、信任、温暖能够大大提升学生的自主性和自信心,也使得学生之间容易形成相互协同的关系,学生共同面对高挑战的学习任务和课题时,会减轻压力,自然投入。两两相对的四人小组是学习共同体常用的座位摆放形式,从秧田式转变成小组排列,其背后是从以"灌输中心"教学向"对话中心"教学、从"个人学习"向"协同学习"转变。教师心怀促进每一位学生深度学习的课堂愿景,声音平和舒缓、话语简短洗练、表情舒展放松、姿态亲和自然,课堂氛围就会发生微妙变化,学生以老师为"参照镜像",也变得更加安心、沉稳,让人感受到安静、润泽的气息。[①]

如何让学生在课堂上与他人有效沟通,并能协同解决问题?教师不仅要把课堂学习空间还给学生,还要让学生学会倾听他人的声音。我设计"母亲节故事"的两人倾听活动。在公共分享环节,有学生提到"送花""做家务""写卡片"等过母亲节的方式,倾听的学生表示感动,有学

---

① 陈静静.学习共同体:走向深度学习[M].上海:华东师范大学出版社,2020:23.

生主动反思自己的言行，有学生因对母亲的忽视而感到愧疚。人类的情感是相通的，学生的感悟很好地对应了文中"我"如何对待母亲的反思和愧疚。只是我们习惯了用议论抒情的方式表达，而里柯克却把丰厚的情感隐藏在看似随意的叙述和描写中，这也是需要教师引导学生去探究发现的生成点。此项倾听练习，不仅构建师生之间相互倾听的关系，还引发学生已有的生活经验，激发学生浓浓的亲情，创设进入本文学习的真实情境。良好的学习环境营造使得学生内心安定、充满信心、互相信任，并对学习内容产生了好奇、兴趣，为教师把学生熟知的日常社会生活体验和将要学习的专业语文知识相联结做好准备，也为深度学习的发生营造必要的环境和氛围。

（三）学习方式设计

要促进学生深度学习，就要充分信任学生的能力。教师要放下身段，改变传授式的教学方式，让学生通过自主的、协同的学习去探索。真正让学生意识到学习的责任落在自己的肩上，学习的奥秘需要自己和同伴努力去发现。如何在人际领域构建自我接纳、协同学习的深度学习状态？让学生达到个人独自学习、同步学习所不能达到的高度？我设计合作共享的学习方式，具体表现为个人自主探究、小组协同探究、全班公共分享等，更多地关注学生个性化、多样化的学习和发展需求。

从学生的视角来看，学生能在小组协同探究中坦然地说"不知道"或者"我需要帮助"，能在全班公共分享中积极参与、主动表达。从教师的视角来看，教师能还给学生个人自主探究、同伴协同学习的时间和空间，能减少对每位学生学习历程的中断，能善于倾听，识别出学生独特的观点和潜在的学习问题，并能在合适的时机给予帮助。合作共享的学习方式，让课堂中每一位学生长期、全身心地投入到学习中，促使深度学习的发生。学习规则的制定是让合作共享的学习方式得以实施，让同伴协同探究、全班公共分享效果最大化的保障。比如重点问题四人轻声细语地讨论，轮流发表意见，互相尊重，以形成组内的共识性观点，或提出组内疑问；四人共同公共发表，其他人认真倾听、记录、整理，不打断他人。其他人陈述完整后，可以补充、提出质疑，或回答其他组的问题等。学生从被动听讲的学习方式转向自主探究、协同探究的学习方式，既能充分地对文本进行阅读、理解，也能充分倾听他人的观点，并进行辨析、优化。学生之间的相互促进提升学生对文本的理解、表达和再创造，深度学习所需要的基于学习者自发、自主的内在学习动机也能被尽可能地激发。

（四）学习任务设计

良好的语文学习任务能够促进学生的语言建构、思维提升、审美意识的提升，使得学生在探索的过程中实现多种能力和素养的发展。设计学习任务，需要教师解读学科知识背景、逻辑关联、思维方法、价值意义，还要从学生的学习起点与实际需求出发，厘清学生已有的认知水平、学习困难和学习策略。其中，冲刺挑战性问题是学习任务的聚焦点，需要设计者基于学习者的"最近发展区"，激发已学知识、生活体验与当前学习内容之间的意义关联，引发学生对核心内容的探究，使学生持续探究并产生深入的理解，为知识和能力的迁移与创造提供可能。

我在《我们是怎样过母亲节的》一文中设计了两个学习任务：一是细读文本，填写情节梳理表格内容并充分交流；二是探讨学生生成的认知冲突问题。第一个是基础性学习任务，独立完成表格，小组交流完善，全班充分分享交流。教师以倾听学生为主，学生不断地交流文本细节，不断发现字面上和潜在含义之间的矛盾。第二个是挑战性学习任务，以课堂生成的认知冲突问题为切入口，深入探究母爱的内涵，了解幽默的深邃、意味深长之处。家人所做的一切都为了母亲，实际上都是为了自己；母亲为了家人开心，习惯于放弃自己的乐趣。有学生对母亲说的"这是她有生以来过得最最快活的一天"表示不能理解，甚至为母亲的遭遇愤愤不平！也有学生认为母亲是幸福的，因为母亲的爱是建立在家人快乐的基础上的。学生聚焦"我觉得她眼里含着泪水"一句，当场生成可供探讨的冲刺挑战性问题：

有人认为我们为母亲做这些事，母亲很开心，流下了激动的泪水；有人认为母亲很无奈，母亲节这一天忙忙碌碌、辛苦操劳。对此，你怎么看？请找到文中的依据，来说说你的观点。

现场探讨气氛热烈又安静，学生在相互倾听中不断修正、完善，甚至改变自己的立场。有学生认为母亲无奈，在自己的节日里却过得比平日还要操劳辛苦。有学生提出疑问，即使家庭成员都在为自己考虑，但母亲却欣然接受，对家庭成员表现出极大的包容，还说"这是她有生以来过得最最快活的一天"，母亲活得是否太"憋屈"？在激烈的探讨中，学生发现，母亲不仅不"憋屈"，反而觉得"幸福"。理由是我们的快乐是建立在自己快乐的基础上，而母亲的快乐是建立在家人快乐的基础上。学生纷纷表示赞同，他们对母爱的内涵有了解读：一种无条件的、无私奉献的、不求回报的、无怨无悔的爱。又有学生关注本文的标题，进而提出发人深省的问题：难道我们就这样心安理得地享受母亲的牺牲吗？由此，学生从母亲到家人，进而探讨整个家庭、整个西方社会。学生发现，本文的主旨并不停留在对母爱伟大的歌颂，以及家人的愧疚，更有着对特定文化内涵中人性内核、人性真实的剥露。学生对于母爱的理解已经不是课前概念化、浅表化的认知，而是建立在阅读和表达中探析语言规律与文化现象基础上的深度发现。

学习任务的设计可以通过学习单去落实。学习单是深度学习设计外在具象化的重要载体，是为了让每一位学生都清晰无误地学习任务，并能把对学习任务的思考、理解、完善、修正过程一一呈现出来。学习单可以由四部分组成：学习目标、学习规则、学习内容、学习要求。学习目标要用学生可理解的语言来阐述；学习规则可以师生共同讨论，并随着学生深度学习的不同阶段而不断调整变化；学习内容要秉承"少即是多"的原则，让学生聚焦核心任务，经历完整的思维过程；学习要求是为了给学生更多自主思考的时间，不因为教师细碎重复的话语而切断学生的思路。教师以怎样的方式将学习单印发到学生手中，要根据课堂学习内容的需要。

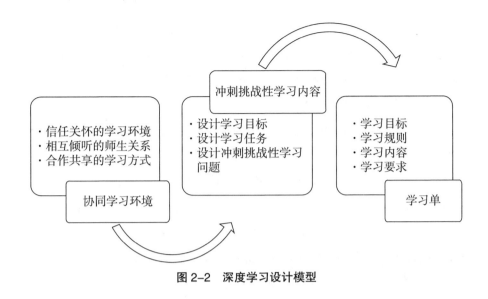

图 2-2 深度学习设计模型

四、高中语文深度学习设计成效

深度学习产生复杂的思维过程、丰富的学习成果和持续深化的学习状态，常规考核分数不能完全反馈深度学习学生实际取得的成果。因此，评估深度学习设计的成效，需要开发更有用的、信息量丰富的评估体系，努力扩大表现性评价，并将它们整合到教学和学习中去。如通过学生完成课后挑战性任务，评估学生是否将所学知识和能力迁移，在学习过程中遇到困难时是否能与他人开展有效的协同学习，是否为解决问题做出持续性努力，是否产生创造性学习成果等。

学生对里柯克的作品产生了浓厚的兴趣，对作者善于从司空见惯的日常生活中提炼出不合理的东西，在笑与泪的交融中领悟亲情力量的表达方式产生了好奇，引发学生完成课后挑战性任务的兴趣："马克·吐温和里柯克是两位伟大的北美幽默作家，阅读马克·吐温的代表作《百万英镑》《败坏了哈德莱堡的人》，尝试比较两位作家幽默风格的不同。"这个任务为期一个月，学生以小组为单位在全班进行交流汇报。学生的作业汇报精彩纷呈，有小组从两位作者的生平、经历角度切入；有小组从对幽默的看法的角度切入；有小组通过对两位作者的代表作品的分析来阐释幽默的本质；有小组分析幽默的手段和表达效果……学生在分析比较中，很自然地用到了历史、地理等跨学科知识，在查找资料、共同探讨、持续研发等过程中，很好地完成了知识的迁移，形成创造性成果。

以 2019 年高三毕业班的语文学习为例，从高一就开始实践以学生自主、协同学习方式为主的学习共同体语文课堂，教师不再是现成知识的讲授者，而是倾听者和深度学习的设计者。通过系统化的深度学习设计，学生们有了更好的学习体验和学习效果，体会到了真实而深度学习产生的乐趣。三年的学习共同体课堂实践，长时间的浸润，学生的自主学习能力、批判思考能力以及沟通合作能力得到长足的发展，并取得了喜人的学业成就。

深度学习是人成长和发展的动力系统，走向深度学习的学习设计实施是一个持久的过程，需要师生在共同构建的学习共同体中，不断反思、改进和完善，以使每一位学生借助同伴协同学习和教师促进学习的力量，以自己的节奏不断追求深度学习的状态。当学生的学习未进入深度学习的状态时，教师要以精心设计的、有意义的方式来进行干预。当学生的学习朝向深度学习的方向进展时，教师能够巧妙地放手，还给学生完整的学习体验。学生在学习过程中体会到探索的乐趣，形成高质量的学习成果。学生充分地阅读、思考、辨析、讨论，从中体会语言的美妙与精彩，思维的深刻与缜密，文化的独特与魅力，会自觉地进行学习，并不断走向深入，真正成为一个自主、自发的学习者和创造者。

指向深度学习的高中文言文学习设计

——以《训俭示康》教学为例

中华民族历史悠久，汉语是世界上最优美的语言。不学习文言文，就难以掌握汉语的精髓，也就不可能真正有效地继承中华民族优秀的历史文化遗产。《普通高中语文课程标准（2017年版）》的"中华传统文化经典研习"学习任务群提出："旨在引导学生通过阅读中华传统文化经典作品，积累文言阅读经验，培养民族审美趣味，增进对中华优秀传统文化的理解，提升对中华民族文化的认同感、自豪感，增强文化自信，更好地继承和弘扬中华优秀传统文化。"[①]因此，新课程标准下的高中文言文教学，不能停留在围绕高考要求的字、词、句以及篇章结构细碎讲解的应试取向上，要以指向深度学习的学习设计为载体，提升学生自主阅读文言文的能力，加速学生良好语文素养的养成。

一、高中文言文教学困境与归因

王元华在研究了百年文言文教学后提出："文言文教学习惯了述而不作，听现成的词语解释、现成的中心思想和写作特点分析，很少去分析为什么是这样，而不是那样，整个文言文教学弥漫的是一种简单识记、重复记忆、知

---

① 中华人民共和国教育部. 普通高中语文课程标准（2017年版）[S]. 北京：人民教育出版社，2018：21.

识至上的教风与学风。"① 在新课标背景下，文言文教学困境更加凸显。

（一）高中文言文教学困境

1. 宏观角度：新课标导向与高中文言文教学现状的矛盾

新课标文言文的比重加大。"古诗文背诵推荐篇目"从14篇增至72篇。对文言文教学的要求提高。教育部有关负责人明确指出：不是简单的知道，还要从传统文化的学习中汲取营养，真正注入中国传统文化的基因，打上中国底色。由此可见，新课标对于文言文教学既考虑工具性，又充分考虑文言文作为文化载体，具有鲜明的人文性。新课标对于以应试为导向，注重文言知识梳理和篇章结构分析的教学价值，忽视传统文化丰富性和多样性功能的文言文教学，提出了新的挑战。

2. 微观角度：教师"灌输中心"的课堂与学生真实学力提升的矛盾

从教师的角度来看，教学模式单一；教学内容庞杂；教学深度不足。传统的串讲法能细致讲解每一个字词，但由此也造成课堂教学内容庞杂和教学深度不足等问题。从学生的角度来看，由于文化语境缺失带来的阅读障碍，文言文基础薄弱所带来的文字感受力差，教学模式单调所带来的学习兴趣不足等，都会影响学生真实学力的提升。

（二）高中文言文教学困境归因

1. 教师固守传统的教育观念

传统的教育观念主要表现为关注教师的"教"，轻视学生的"学"。在文言文教学中表现为三方面：一是以教师的教学设计为主。教师往往从如何教学的角度来进行教学设计，而较少考虑从促进学生学习的角度来进行"学习设计"。文言文教学内容多、杂，看似面面俱到，但学生真正的困难点、障碍点，却由于课堂时间不够而不能得到充分的解决。二是教学程式老化。"背景介绍、朗读全文、字词翻译、文本分析、整理归纳、复习检测"的教学程

---

① 王元华.百年文言文教学的反思与重建[J].课程·教材·教法, 2015（6）：51.

序,"输入、接收、巩固"的教学思维,似乎已成为文言文课堂的标配。

2."伪学优生"普遍存在

以教师"教"为主的课堂,学生以被动听讲、记笔记、回忆、背诵课堂上的知识为主。由于平时的检测练习大多以课内学过的文言文为主,那些尽最大努力在规定时间内掌握字词、篇章结构和主旨概括的学生,往往因为取得理想的分数而成为教师心目中的"学优生"。但如果只停留在识记、理解这些低阶思维的浅层学习层面,这些学生会出现难于将已有知识迁移到新情境中的状态,甚至会因学习任务难度的提升而出现"学困"的状态。

二、文言文教学变革的理论基础与方向

我国教育改革已进入深水区,"公平而有质量的教育"要求保障每一位学生的高品质学习,课堂也随之进行全面的转型,即从以"教师的讲授"为主的"讲堂",转变为以学生的自主、深度学习为中心的"学堂"。教师如何通过专业指导促进学生的深度学习?成为文言文教学亟须解决的核心问题。

(一)深度学习理论

深度学习相较于浅层学习,处于高级的认知水平,涉及高阶思维活动。国内有研究者在持续十多年的课堂观察中发现,"深度学习是基于学习者自发的、自主性的内在学习动机,并依靠对问题本身探究的内在兴趣维持的,一种长期的、全身心投入的持久学习力"[①]。和处于较低认识水平和思维层次、不易迁移的浅层学习不同,深度学习能将新思想和事实融入原有的认知结构,在众多思想间进行联系,并能够将已有的知识迁移到新的情境中,做出决策和解决问题的学习。

文言文教学要从教师的"一言堂"转向学生自主学习、协同探究的课堂,可以借鉴深度学习这个成长和发展的巨大动力系统。教师可以从三个领

---

① 陈静静,谈杨.课堂的困境与变革:从浅表学习到深度学习——基于对中小学生真实学习历程的长期考察[J].教育发展研究,2018(Z2).

域入手，培育深度学习的学习者。即从人际领域来看，学习者需要自我接纳，与他人有效沟通，并能协同解决问题；从认知领域来看，学习者需要深度理解和掌握，指向高阶思维、问题解决能力；从动机情感领域来看，学习者要全身心投入，进入一种忘我状态。

（二）文言文教学变革的方向

要走出文言文教学的困境，我们的课堂教学要向促进每一位学生的深度学习方向转型。

1. 课堂氛围的营造

通过大量的课堂观察，我发现浅层学习的学生心理缺乏安全感，学习缺乏自信。首先，以教师讲授文言知识为主的"讲堂"，所学内容脱离学生实际而不能引发学生主动学习的兴趣。其次，以"秧田式"座位的摆放方式，学生面对教师，以听讲、接受、回应为主，学生的大脑处于高度紧张的状态，无法进入自然的思考状态。再次，课堂往往以少部分"学优生"和教师对话的方式推进，大部分学生的观点被忽略，甚至因长期不被倾听而失语，少部分学生陷入紧张焦虑之中。

上述现象在文言文课堂上尤为突出。要想让每一位学生都有自主、深度的学习，必须让学习者有人际支持。教师进行学习设计时要考虑有利于学生自主学习、同伴协同探究的学习环境，让自主、探究、合作的学习方式得以开展，每一位学生平等的学习机会得以实现。

2. 教师角色的转变

以教师讲授为中心的课堂，教师在授课时大多从自身考虑。比如教学优势、独特的教学风格、教学习惯；以教师的立场来确定教学内容和教学方法。教师往往会产生"教"过了，学生就"学"会了的假象。但实际的教学是，课外文言文通常比课内的文言文难度要低，但是学生一旦没有教师的翻译和分析，常常因不了解文言文语言的规律和文化背景，造成对文本的浅读甚至误读。这就要求教师要从传授者转变为学习设计者、学生观点的倾听者和学习活动的组织者。即在课前开展基于学生立场的学习设计；在课中倾听学生的学习需求、学习困惑、独特或有价值的观点,并将这些观点串联起来;组织学生开展促进学生自主、深度学习的课堂学习活动。

3.课堂学习的深化

美国学者格兰特·威金斯经过调查后发现:"教,就其本身来说,永远也不能引发学生的学习。"①那么,课堂上的真实学习如何发生?这是每一位教师都要认真思考的问题。佐藤学把学习比喻成从已知世界到未知世界的旅程,也就是说学习是从问题情境出发,去寻找答案的过程。在这个过程中,要从个人独白的世界走向对话的世界。开展与自己、与他人、与客观世界的三位一体的对话性实践活动。②从文言文教学的角度来说,要求教师开展基于深度学习的学习设计,即以促进学生学习与发展为目的,从学习者角度设计深度理解、指向高阶思维和问题解决能力的学习活动。

三、文言文教学变革的方法和策略

我在文言文教学中,以学生的学习为中心,从人际、认知、情感三个领域开展指向深度学习的文言文学习设计。下面以沪教版高二教材中的《训俭示康》一文的教学为例。

《训俭示康》是北宋史学家司马光写给儿子司马康的训诫,告诫儿子应洁身自好,不受侈靡的社会风气影响,并指出"由俭入奢易,由奢入俭难"的生活哲理,阐述"以俭素为美"的思想。作为接受主体的高二学生,他们平日不喜欢听父母训诫类的长篇大论,更是和作者的生活经历与情感经历有隔阂,因而对文本有本能的排斥性。如果教师翻译字词、分析思想内涵,学生可能会了无生趣,即使被迫于考试压力而学,但能否真正读懂并发自内心地认同优秀传统文化是个未知数。

---

① [美]格兰特·威金斯,杰伊·麦克泰格.高效教学:追求理解的教学设计[M].闫寒冰,宋雪莲,赖平,译.上海:华东师范大学出版社,2017:253.
② [日]佐藤学.学习的快乐:走向对话[M].钟启泉,译.北京:教育科学出版社,2004:1.

（一）学习环境变革：协同学习环境是深度学习得以实现的保障

1. 学习环境设计

我把以教师为中心的秧田式座位转变成学生面对面的四人小组的摆放方式。高中学生的思维能力发展到了一定的水平，文意疏通、事例概括、观点把握等基础型学习任务可以通过自主学习和同伴协同学习得到解决和完善。小组座位摆放的方式让同伴协同学习在课堂上成为可能。以四人为一组是综合考虑到课时限制和观点碰撞的多样性。让学生面对学生，是给学生营造一个安全、安心的学习氛围，以利于完成探究性学习任务。

2. 学习方式设计

为使每一位学生都投入到真实而有深度的学习中，我从学生听教师教授的单一学习模式转变为合作、探究、交流的学习方式，具体表现为课堂上学生自主探究文本、同伴协同学习、师生共同探究等方式。为使课堂上有充分的时间共同解决挑战性问题，学生需要在课前充分预习文本，教师根据文本需要提供相应的学习资源，或者布置学生搜集资料的探究性学习任务。《训俭示康》一文篇幅较长，涉及的人物较多，典故也多，这些可能会成为学生阅读的障碍，进而打消学生自主阅读的兴趣。为此，我把朗读音频、背景材料、作者简介等学习材料，以音频、PPT 的方式提前发送到学生 QQ 群。

3. 学习机会的设计

为实现"公平而有质量的教育"，课堂上要保障每一位学生的学习权。即在课堂上实现平等的学习权和话语权。我设计了三种学生发言形式：一是每位学生把自己的想法写到学习单上；二是学生在四人小组内轮流发表自己的看法；三是每一位学生都有平等发言的机会，比如小组所有成员在全班公共分享，重点字词翻译采用开小火车的方式等。

学习环境设计、学习方式设计、学习机会设计，看似和教学内容关系不是很密切，也是传统教学忽视的地方，但却是以学生学习为主体的课堂得以实现的保障。

（二）学习内容变革：以问题为导向促进真实而深度的学习发生

1. 学习任务设计

我以学生的学习为中心，基于学生的学习基础、学习需求、学习历程和认知冲突来设置学习任务。其中，基础型学习任务是为挑战型学习任务的完成做准备。

基础型学习任务：（1）朗读课文三遍；（2）查字典，标注生词拼音；（3）不借助注释，疏通文义；（4）借助《古汉语常用字字典》，查找疑难词；（5）提出自己的疑问。

挑战型学习任务：分析文本各事例与全文主旨之间的联系。

任务确定后，我把它们细化到每一个课时。第一课时，学生在四人小组中协同学习。疏通文义，共同解决个人学习中遇到的字、词、句方面的疑难问题。小组解决不了的难题，提交到全班讨论解决。第二课时，全班共同探讨小组提出的难题，教师在学生需要帮助的时候给予指导或者提供学习资源。课后把文言特殊词法、句法现象归纳整理任务分配到各个小组，全班共享。第三课时全班共同探讨挑战型任务。

前两课时以扫清文言文阅读障碍为主。学生在预习中出现的问题，在小组内交流探讨，有共性或存疑的问题提交到班级共同探讨，既能解决基础型问题，又能激发文言文学习的兴趣。同时，考虑到文言文基础知识掌握的重要性和及时了解学生自主学习和协同探究的有效性，课后一定要加强复习归纳和检测，教师针对学生暴露出来的问题集中讲解。久而久之，学生不依赖课下注释和教师的讲解，而是在自主疏通文义中逐步发现文言文语言规律，提升文字的感受力，进而领悟文本的文化内涵。传统"灌输式"课堂中难以培养的学生自主学习文言文的能力，在活动性、合作性的学习环境和教师的任务引领、同伴的协同学习中得以体现。

2. 学习问题的设计

文言文是中华文化的瑰宝，有丰富的思想内涵和杰出的艺术形式，不应该被文言现象阻碍，也不应被枯燥的学习内容削减。围绕激励性和挑战性的问题来进行教学，能激发学生学习的兴趣、好奇心和动力，促进学生持续参与学习活动。问题提出的方式不拘，可以是教师设计并在课上提出，或学生课前预习时提出，也可以是课堂上学生探讨生成的问题。

我让学生在课堂上探讨预先设计好的挑战性问题，让学生分析文本各事例与全文主旨之间的联系。学生的回答不深入，探究的欲望也不强烈。我正想找学生的认知冲突，重新调整挑战性问题时，有学生提出疑问："文章用了这么多例子，有没有事例堆砌之感？"学生陷入沉思。这是学生现场生成的真实而有挑战性的问题，且几乎难倒了所有学生，于是我让学生在小组内进行探讨。

15分钟后，有小组到台上公共发表。该小组列举13个事例并进行初步分析，发现"正面事例7例，反面事例6例；宋朝事例7例，宋以前事例6例，分布比较均匀。从事例的数量、阶层范围、时间跨度等方面来看，司马光不愧是博览全书的通史之人"。该小组再将事例放置到具体段落中一一分析后，不满足于小组探讨出来的答案，提出问题："司马光如此节俭，原因究竟为哪般？"一时激起千层浪，各小组纷纷上台交流。有小组从事例的正反角度入手，给事例分类分析，借此来理清文章的脉络。有小组从例子间的逻辑关系来看文章的举例论证，发现例子有相对应的关系。有小组分析作者对不同事例的详略有所选择的原因。最后，学生慢慢地找寻到了令众人满意的答案："从不同角度精选事例，并加以优化组合，使得事例繁富而不显累赘，且能起到从不同侧面不同角度论证中心论点之效果。"我深表满意，正想结束这堂课时，一位学生又提出问题："文章运用大量事例却缺少分析，是否将道理说清楚了？"由此引发议论文写作举例论证的用法。从学生的分享中，我提炼了五点启示：建立属于自己的素材库；灵活运用材料；表述要言不烦；组织要严密，系统要清晰；要有读者意识。

学生在探究中不断有新的发现，也产生新的困惑。每一位学生都发出自己的声音，每一位学生都对自己和同伴的探究所得拥有信心。在个人自主思考、组内协同探究、全班交流展示、质疑反思等不同学习方式中，建构知识并不断加以内化。学生在探讨中生成的问题，既是困惑学生的真实问题，又是真实情境中的探究课题，每一位学生都被强烈的学习动机和探究欲望吸引，自发地、全身心地、持久地投入到学习中，这样的学习令人身心愉悦、流连忘返。

（三）学习活动变革：在专题学习中深化学生对传统文化的认识和理解

新课标的"中华传统文化专题研讨""学习目标与内容"中提出"围绕中心论题进行有准备的研讨，围绕专题选择合适的方式展示探究的成果"①。以专题为单位的结构化学习帮助学生理解离散的知识和技能，以形成主动、探究、理解性的深度学习。

鉴于学生课堂上生成的问题以及学生精彩的课堂探讨，我围绕"举例论证特色"来布置专题研讨作业，要求每个小组以研究小论文的方式呈现，并在班级公众号上推出。学生的专题小论文异彩纷呈，以下是吴昊同学的文章：

不板不滞，繁简相宜

——《训俭示康》举例论证分析

吴 昊

《训俭示康》一文运用了大量的举例论证，作者对不同的事例各有侧重，我们小组按照事例的详略进行分类，并分析作者有所选择的原因。

经小组讨论，我们将自身、先父、当时与近日士大夫家、李文靖公、参政鲁公的例子归为详写；正考父、季文子、何曾、管仲、公叔文子、石崇、寇莱公的例子归为略写。

我们认为详写的内容与文章中心联系最为紧密，因此需要着墨较多。首先，作者以自身为例，开篇便直截了当地提出"以俭为美德"的中心论点。然后，作者用先父与近日士大夫的例子，指出世风颓败，告诫其子司马康不

---

① 中华人民共和国教育部.普通高中语文课程标准（2017年版）[S].北京：人民教育出版社，2018：21，27.

可不提防这股奢靡之风，不可败坏素来以清白相承的家风。最后，作者在写李文靖公、参政鲁公、张文节时，将作者对节俭的看法以他人之口巧妙地表达出来，以"呜呼！大贤之深谋远虑，岂庸人所及哉"收尾。作者看似缺少析理，实则已将道理通过一个个事例的列举展现在读者面前。这几个详写的事例构成了文章的主体，紧紧围绕"以俭为美德"的中心展开，同时又都是宋朝时事，想必司马康读来不会有被训诫的距离感，反倒觉得与自身是息息相关的。

略写的内容则按照时间先后安排，由正考父、季文子的"俭"，渐渐转变到管仲、公叔文子、何曾、石崇、寇莱公的越发"奢靡"，照应了前文认为世风日下，"众人多以奢靡为荣""以俭相诟病"的观点。略写的原因是年代相对久远、分散，难以做到详尽的阐述，同时这些内容有更多告诫的意味，以不讲节俭、喜好奢侈的不良后果警示其子，点到为止。若详细论述，则可能会把重心移向批评这些人的不良风气，冲淡训诫司马康保持节俭的主要意图。

本组讨论过程中，有组员提出质疑："文章运用大量事例却缺少分析，是否将道理说清楚了？"上文已经提到，作者并不是不析理，而是通过例子中的人物言行发表议论，更具有说服力。这一点使我想到平时的议论文训练，有的同学在文章中堆砌材料，不加分析。如果我们能够达到司马光的水准，模仿《训俭示康》的这种写法自然是好的，但事实上，大多数同学还做不到这一点，或毫无材料可写，或乱用材料。因此，在平时议论文写作中，切不可为用例子而用例子，为用论据而用论据，这样会导致论据或事例与文章观点契合不紧密，有突兀之感，反倒不如用自己的话进行论述，将观点表述清楚，能够自圆其说，兴许也能成为一篇不错的文章呢。

文言文是中国传统文化最基础最重要的载体，包含着丰厚璀璨的历史文化，有利于学生陶冶性情、健全人格、增长才干。在继承和发扬传统文言文教学的基础上，以指向深度学习的高中文言文学习设计为载体，激发学生学习文言文的兴趣，提升学生自主阅读文言文的能力，是一线教师不懈努力的方向。

基于学生认知需求的高中语文读写深度融合

——以社会现象评论文《陪读》教学为例

读写结合成为语文教育遵循的基本原则,深刻地影响写作教材的编撰、教学内容的研制、教学方法的选择等。① 近 40 年来,读写结合经历了"整合期",整体推进,多读多写;"文本期",文本成为读与写对话的桥梁;"语境期",读与写均成为完成"语境"中任务的手段。② 读写结合在根植语文教育传统的基础上,不断焕发出新的生命力。但依然面临着宏观描述多、实践操作少,读写结合形式单一,读与写的"结合点"过于随意等问题,新课程改革中"以学习者为中心教学""建构性学习""主动性学习"等教育理念,难以在写作课上落实。

《普通高中语文课程标准(2017 年版)》明确指出"语文课程是一门学习祖国语言运用的综合性、实践性课程",指出"围绕核心素养,整合阅读与鉴赏、表达与交流、梳理与探究,引导学生积极参与丰富多彩的语文实践活动,促进学生在语言建构与运用、思维发展与提升、审美鉴赏与创造、文化传承与理解等方面的全面发展"③。新课标表明学习行为指向语文核心素养而不仅仅是阅读和写作等诸多能力的提升。这就要求教师打破阅读和写作之间的壁垒,跳出以阅读带动写作、以写作促进阅读的固定模式,建立情境化、

---

① 叶黎明.写作教学内容新论[M].上海:上海教育出版社,2012:80.
② 朱建军."读写结合"研究:囿于经验,期于超越[J].中学语文教学,2019(5).
③ 中华人民共和国教育部.普通高中语文课程标准(2017 年版)[S].北京:人民教育出版社,2018:41.

结构化、多样化的语文学习生态，设计以学习者为中心的读写深度融合的言语实践活动，引导学生自主建构知识，应用于写作实践活动，整体提升学生语文素养。

一、基于学生认知需求的读写深度融合的意义

（一）有利于在语言的建构与运用过程中促进言语生命的成长

传统的读写结合观认为阅读和写作是输入和输出的关系，或者说是吸收和表达的关系。阅读往往被认为是对文本内容的客观再认识，因而过于重视和强调教师教的作用，忽视学生自主建构知识，难以实现新课标"发展独立的阅读能力"的学习要求。写作在课程实施中往往以写前动机的激发和写后评价反馈为主，缺乏写作过程中的介入性指导。学生在缺少阅读和写作相关认知背景的情况下，难以实现新课程"语言表达和交流"的课程目标。

建构主义认为，写作与阅读都应被视为意义的建构、修整和形成。斯皮维认为："如果着眼于建构过程而不是行为本身的话，我们就很难说清哪些是读的阶段，哪些是写的阶段。"[①]阅读和写作不是简单的结合关系，而是读中有写，写中有读，相互融合。学生在读和写的过程中不断往复，在语言的建构与运用中促进言语生命的成长。阅读过程中对文本做出自己的分析判断，就是一个不断认识文本，不断发现语言运用规律，并进行自我建构知识的过程；写作过程中"表达与交流"，就是凭借语感和对语言运用规律的把握，根据具体的语言情境和不同的对象，运用口头和书面语言文明得体地呈现的过程。阅读成为带有写作目的的更深层次、具有批判视角的阅读，而写作成为阅读基础上思维重构、逻辑表达的结果。学生在阅读过程中建构意义，并通过写作将意义固定和呈现出来，形成对观点的新认识，获得解决实际写作问题的新路径。

---

① 张航.建构主义视野的读写结合教学模式研究[J].教育评论，2017（11）.

（二）有利于促进学生对读写规律的意义建构和认识

教师的主要工作是帮助、促进学生学习，这就要求教师了解学生认知与学习的规律。在认知革命初期，学习被认为是接受和获得信息的过程，现今研究者们更认同学习是学习者主动建构意义的过程。学习者本人在学习中有一定的主动性，他们不是完全地、不加改动地接受信息，他们的原有经验、情感都会影响其对信息的接收、处理和保存。① 由此可见，阅读知识、写作概念等不是通过外部传授得到的，而是学习者在社会文化情境的相互作用中，通过意义建构的方式获得的。处于不同情境、有着不同学习经历的个体，对阅读和写作的规律有着不同的意义建构和认识。对学习看法的转变，有利于突出学习者个人因素在其认知和学习活动中的作用。

有研究者研究读写结合模式后发现，以学生为中心的科学合理的写作课程设计显得尤为重要。② 在建构主义理论视角下，"以学习者为中心"的教学理念在写作教学中落实，需要具化为"以学习者的认知特点与机制为中心"，也就是说教师在设计写作言语实践活动时，要站在学生的立场上思考学生的认知特点和需求。以社会现象类议论文为例，几个人针对一件事，说出自己的观点并阐明理由时一般有如下需求：一是对社会现象本身好奇的需求；二是摆明自己的立场，表达自己观点的需求；三是借助论据来支撑自己观点的需求；四是进一步完善自己观点的需求；五是进一步表达自己深刻观点的需求。教师在了解学习者认知需求的基础上，设计促进学生读写能力的高水平认知活动，帮助学生对读写规律的认识。

（三）有助于提升学生的语文学科核心素养

新课标明确要求教师"从祖国语文的特点和高中生学习语文的规律出发，以语文学科核心素养为纲，以学生的语文实践为主线，设计'语文学习任务群'"。具体表现为"以任务为导向，以学习项目为载体，整合学习情

---

① 王小明，庞维国. 儿童认知与学习 [M]. 上海：华东师范大学出版社，2014：10.
② 朱建军. "读写结合"研究：囿于经验，期于超越 [J]. 中学语文教学，2019（5）.

境、学习内容、学习方法和学习资源，引导学生在运用语言过程中提升语文素养"[1]。在写作言语实践活动设计中，教师的指导主要体现在三方面：一是发挥阅读材料在学习认知中的指导价值。依据学生认知需求，为学生提供具有支点效应、累积效应、迁移效应的阅读材料，引导学生进行自主学习，促进学生产生类属化的认知体系。二是开展思辨研究的写作实践活动。在真实写作情境中解决富有挑战性的问题以推动认知的发展，从而形成系统的阅读和写作知识体系，自主写作，自由表达。三是促进学生良好知识架构和认知系统的形成。读写融合的过程不仅是实践、应用，也是援引和迁移。学生在写作实践活动中提升研究问题和解决问题的能力，推动思维的升华和深化，形成语文素养。

二、基于学生认知需求的高中读写深度融合的设计路径

新课程标准提出"加强实践性，促进学生语文学习方式的转变"，读写融合的言语实践活动具有明显的综合性、实践性、开放性的特征。下面以社会现象评论文《陪读》写作教学为例，就任务、情境、活动三方面分别予以展开。

（一）任务设计：开展读写言语实践活动的核心追求

读写深度融合的任务设计不再是以往简单的读写结合训练，或者是阅读、写作知识的传授，而是通过任务的解决来实现学生语文素养的提升。对于写作教学来说，需要设计社会生活中存在的、能引发学生关注现实生活、发表自己看法、解决真实情境中具体问题的任务。以下是《陪读》的任务设计：

---

[1] 中华人民共和国教育部. 普通高中语文课程标准（2017年版）[S]. 北京：人民教育出版社，2018：8.

任务一：观看《陪读》纪录片中"安徽毛坦厂一万多考生家长陪读"的视频（节选）。

任务二：探讨核心问题，在学习单上写出自己的立场和理由，开展辩论活动。

核心问题：对于陪读现象，有两种截然不同的观点——有人认为陪读是合理的，应该提倡；有人认为陪读现象不合理，应该避免。你赞同哪一种观点？请阐述你的理由。

任务三：阅读补充材料，用思维导图的方式写出观点和理由（修正、丰富、补充等皆可）。

任务四：完成社会现象评论文思维路径表格并交流分享。

任务五：学生口头作文，教师现场用语音软件转化为文字。

以上任务设计，要站在学生的立场上，思考学生认知经验和认知困惑。任务一是出示真实情境，满足学生对社会现象本身的好奇心；任务二是设计完全对立的立场，让学生在认知冲突的情境探讨中逐步明晰自己的观点；任务三是借助全面、深度、抽象的材料，以深入完善学生的观点；任务四是梳理社会现象评论文写作思路，从自然表述转化到专业表述；任务五是让学生用合乎逻辑的方式呈现自己的思考成果。这些任务紧密联系，构成一个结构化的言语实践活动，以综合提升学生的语文核心素养。

阅读和写作是相对独立却又紧密相关的两种活动。读写深度融合的关键是教师设计任务时把听说读写能力打通，设计读写双线任务，整合阅读与鉴赏、表达与交流、梳理与探究等语文活动，使学生进入感受、体悟、编码、创造的层面，指向核心素养的提升。由此，《陪读》任务设计中蕴含了"三读三写"。

一是读"音像"、写"具体现象"。为什么一开始要让学生读音像？信息时代中学生信息获取的方式多元，音像比文字更具有亲和力，更容易让人感同身受，更能直观地让学生感受到"陪读"社会现象的具体样态。观看视频后，不急于让学生分享感悟，而是就核心问题写下自己的立场并阐明理由。

学生从自身或身边"陪读"经历入手，自然而然地进入社会现象评论文创作的状态。辩论活动中，学生对"陪读"现象及原因展开头脑风暴，逐渐清晰自己的观点，激发每一位学生的写作兴趣。

二是读"文字"、写"过程观点"。学生在充分阐述理由之后，进入词穷却又难以说服对方的状态，需要教师提供能让他们在辩论中站稳脚跟，并使自己的观点进一步明确、抽象、更富有逻辑性的素材。教师让学生在阅读材料后充分交流，借助思维导图工具将现象进行梳理、提炼，得出相对抽象的过程性观点和理由，促进每一位学生进入专业写作的状态。

三是读"概念"、写"抽象提炼"。学生在交流中不断深化观点，有了呼之欲出的表达欲望，却往往会出现难以成文的困境。教师提供社会现象评论文"现象—影响（危害）—原因—措施"的思考路径，借助表格工具让学生用合乎逻辑的方式呈现自己的理性思考，自然习得专业写作评论文的方法路径。整个任务设计均以学习者的认知需求为中心，教师不仅要思考提炼社会现象评论文思考路径和加工转化素材的方法，更要思考学生需要什么：我要给学生提供什么学习支架？让学生提升什么能力？双线设计的学习任务，呈现读写深度融合下的社会现象评论文写作指导和阅读内化迁移的能力。课上教师说得很少，背后却有着教师专业的设计和细致的思考：读什么材料？用和不用是否有不同的教学效果？什么时候呈现？如何系统化、逻辑化？如何提升学生的读写能力？最终让学生从低阶思维的现象阐述走向高阶思维的专业表达。

（二）情境设计：发展读写认知能力的重要保障

有研究表明，专家的知识是围绕着核心概念或"大概念"组织的，这些概念和观点引导他们去思考和解决问题。而新手的知识极少按大概念来组织，往往通过自己的日常直觉寻求对问题的理解。[1]为此，写作情境的设计是让学生从新手走向专家的思维模式。但这不是靠教师告诉学生采用哪些概

---

[1] 任长松. 探究式学习 [M]. 北京：教育科学出版社，2005：203.

念或者方法，而是为学生提供多元的、多样化的、综合的、自然的读写融合任务情境，让学生自主建构新知。

"陪读"话题起源于刘邦威同学的一则摘抄，就 2017 年 9 月 7 日的《人民日报》第 5 版的《陪读大军：优质教育资源不均是根本原因》写的一段感悟。这个主题贴近学生生活，有话好说，要写好却不容易。写作的过程中分析现象，剖析问题，探究本质，阐明事理，可以使文章更有理，更有思维的张力。如何让每一位学生获得高品质思维？显然不是靠老师灌输、解说一些概念方法能解决的，而是在读写深度融合中增强思维的逻辑性和深刻性。为此，我设计提供了多样化任务学习情境的四种方法。

方法一：让学生面临"陪读"的典型环境。我截取《陪读》纪录片中安徽毛坦厂中学陪读家长高考送考、到校门口送饭、记者采访爷爷陪读情况的场景，总时长为 5 分钟。同时，又提供学生其他相类似的情境，引导学生联系已有生活经验，思考陪读现象产生的原因。

师：刚才播放的是安徽毛坦厂一万多考生家长陪读的现象。"陪读"这个词语已经进入大众视野。中国科学院相关统计显示：我国 36.8% 的家庭都存在陪读现象，覆盖面涉及小学到博士阶段。近日微信朋友圈一篇文章疯转，标题是《老娘我做错了什么，要陪孩子做作业》，迎来众多"一线爸妈"的集体吐槽："陪儿子写作业到五年级，心梗住院，做了两个支架……""每次写作业整个小区都是我的咆哮……"，更有抱怨"除做饭洗衣抹地，还要精通语数英史地政……"

方法二：在学生面对具体情境后，提供认知冲突的核心探讨问题，让学生快速思考并写下自己的想法。这个设计是让学生置身问题情境，将倾向于解决问题的相似性表层特征一一呈现，并尝试进行归类，直到发现自己对于问题的认识浅层、单薄，从认知需求上产生学习专家解决问题路径的急切心理。

方法三：提供阅读情境，让学生在阅读材料的引领和同伴的信息交流中，找寻剖析并解决社会问题的专业方法。我把"陪读"这个话题当作研究课题，锁定三份材料：《人民日报》的评论文《陪读大军：优质教育资源不均是根本原因》；百度百科上节选的文字，包括"陪读"概念的界定，"陪读"主要存在形态，即生活陪读、监督陪读、攀比陪读和盲从陪读的解读，给陪读家长的建议等；学术论文《中国式陪读迁移现象与高考移民现象的渊源关系——教育公平问题的启示》，节选剖析陪读迁移背后的原因部分内容。最终我选定了后两份材料。原因是《人民日报》的评论文观点鲜明，说理透彻，学生很容易被说服，进而陷入模仿的状态，难以激发学生对材料的思考、质疑、思辨、研究。后两篇文章我都按照教学需要进行了删改，希望通过阅读材料，达到帮助学习者超越具体情境和例证，在抽象层面上表征经验、建构知识的目的。

方法四：借助社会现象评论文思考路径表格，整合学生阅读与鉴赏、表达与交流、梳理与探究所得，帮助学生创造出一种不单能分析"陪读"社会问题，更能分析一般社会问题的思考路径方案。

以上四种创设写作情境的方法，让学生从新手走向专家创作。实践证明，专家的阅读和写作知识技能所显示出来的优势，不是从机械的、简单的读写训练中产生，而是在读写深度融合的多样化自然任务情境中自主建构。

（三）活动设计：提升语文素养的有效载体

新课标背景下的写作活动设计并不是孤立的听、说、读、写活动，而是整合了各个方面并延展到社会生活的综合言语实践活动。在《陪读》学习任务的统领下，我组织学生在课堂上开展阅读与鉴赏、表达与交流、梳理与探究等实践活动。

活动一：自主思考核心问题并开展辩论活动。请赞同方、不赞同方5位代表上台自由发表，交替阐述支撑观点的理由。

具有认知冲突的问题能激发学生探究表达欲望。学生抢着上台，现场气氛活跃。以下是双方现场辩论实录。

生1（赞同方）：家长有望子成龙、望女成凤心理，陪读能让孩子变得更好。

生1（不赞同方）：陪读将孩子禁锢在温室里，没有给孩子成长的空间。

生2（赞同方）：高中学业压力大，家长陪读缓解生活压力，给孩子更大的发展空间。

生2（不赞同方）：家长陪读，不仅使家长压力增大，更不利于学校教育。

生3（赞同方）：家长给孩子送饭式陪读，对孩子学习不会产生影响，反而能减轻家长的焦虑。

生3（不赞同方）：家长陪读与否，关键在于学生的心理需求。我认为家长陪读会增加孩子的压力。

生4（赞同方）：家长陪读可以疏导孩子的心理。

生4（不赞同方）：通讯技术发达，家长完全不需要采用面对面的方式疏导孩子的心理。

生5（赞同方）：学校不一定能提供营养均衡的饮食，需要家长陪读。

生5（不赞同方）：陪读不一定都能"成龙""成凤"，家长付出了并不一定能有收获。

赞同方、不赞同方都从家长、学生的角度来摆明自己的观点。辩论活动中的大部分时间都在谈论陪读现象，比如送饭、家长帮忙做家务等，少部分时间在探讨家长陪读的心理，但都没有跳出家庭的小圈子。我让未参加辩论活动的学生补充赞同或不赞同的理由，依然在家长、学生层面打转，互相说服不了谁。这和我对学生的认知需求预设一致，学生的关注点在陪读现象本身以及陪读的主体上。

活动二：当堂下发阅读材料。确保四人小组内拿到两份不同的材料。学生当堂阅读材料。

师：阅读材料后，你的观点发生了哪些变化？（坚持/修正/无法判断）如果坚持原有观点请补充支撑理由；如果修正观点，请阐述理由。请快速写下自己思考的答案。读完材料后，请小组内两人分享，再四人交流。

学生自主阅读材料、小组协同交流并在全班公共发表。以下是朱子鸣同学的发言：

我阅读材料后，对陪读现象的原因有了深入思考。第一是教育观念的问题。第二是教育资源分配不均，比如说城乡二元结构模式以及教育制度的影响，这两者造成中国教育资源呈倒金字塔结构。第三是人才观，"一纸文凭"观念长期积淀。教育资源分配不均，导致家长举家搬迁，让孩子得到更好的教育机会，这是陪读的最根本原因。第四是家长把希望寄托在下一代身上的心理，想让孩子过上更好的生活。多种原因造成了陪读的迁移现象，而且贫穷落后农村地区更加突出。

学生陆续提到了"教育资源分配不均""选拔考试制度""成才观""用人观""教育制度"等专业术语，也出现了家长陪读是"道德式的自我感动"、陪读凸显的"剧场效应"、"城乡二元结构模式"等深层原因剖析。陆安诚同学对教师提供的阅读材料进行批判性思考，感受到对社会现象深入思考之后的无奈。

我依然不赞同陪读。陪读的确有助于家长陪伴孩子成长，但是陪读让孩子成才的情况，在当前是很难实现的。阅读材料上的三个解决路径，就目前来说，最多停留在理论阶段。为什么？首先，不说这些家长能否读到这些文字，也许这只是教育专家的设想，没有被家长广泛认识到。就算家长看到这些文字，那么，改变又有多少困难呢？在座各位都是学生，都有和家长沟通的经历。我们经常需要面对家长那些顽固的想法。可以设想，我们作为当事者——他们的子女，还需要大费口舌争论，更别提停留在理论层面上的建议了。生活陪读、监督陪读、攀比陪读、盲目陪读等有各自的前因后果，无论是感性还是理性。这三点解决方法只是理论，既没有被实践，也没有被证明，更没有传播途径。如果我们想把目前不合理的陪读方式转变成所谓的合理方式，需要一个漫长的不容易被人们接受的过程。从家长的感性角度来说，更是一个难以实现的过程。因此，这三点听起来有道理，但实践的可能性为零。

活动三：在思维导图形式呈现社会现象评论文思考路径的基础上，小组学生共同完成口头作文。

以下是蔡龙昊小组的5分钟口头作文。

陪读之我见

陪读从广义上讲是家长从生活到学习全程陪伴孩子的行为，狭义上讲是家长陪同孩子写作业并给予指导的行为。陪读已成为社会现象，有几点原因：从社会方面来看，传统的教育体制和成才教育观念，还有教育资源分布不均。从家长方面来看，是家长固有的成才观和焦虑心理，还有盲目攀比和盲从心理，本质上是家长为了让孩子拥有更好的生活。家长为了孩子在高考中取得好成绩，就要选择更优质的教育资源。如此看来，教育资源分布不均是陪读现象产生的根源。

但是，如果从教育方式，也就是学习方式转变方面来说，任重道远。最根本、最基础，也最理性的方式是改变孩子与家长的关系，也就是孩子学的方式所带来的家长陪的方式的改变。其中，孩子学的方式的改变是根本。理由有三点，首先，教育者要关注学生个性化、多样化的学习和发展需求，让每一位学生都能自主学习，并能在学习中享受到快乐。其次，孩子要有自己的想法，陪或不陪读都由孩子自主决定，因为学生是学习的主体。同时，家长陪读的方式转变也会促进孩子的学习。家长是陪读的执行者，改变家长陪读心理是我们首要解决的问题。其一，改变家长攀比盲从的心态，只有教育资源分配均衡才能保证家长理性看待自己的孩子；其二，家长要理解与支持孩子，孩子是学习的主体，家长用静等花开的心态陪伴学生成长。再次，家长对自己的能力有一个理性客观的认识，不能要求每个孩子都"成龙""成凤"。当然，让每位家长都做到理想的陪读是困难的。但是家长可以多陪伴孩子，增强亲子沟通，在了解孩子学习需求，尤其是了解孩子成长需求的同时，不断调整与孩子的相处模式，最终找到陪伴孩子学习的最佳生长点。

综上，需不需要陪读？怎样陪读？这应该由每一个家庭自己来确定。教育要让每个孩子看到美好未来，社会要给每一个家庭提供良好的教育生态。这是我们现在应该做的。谢谢大家。

《陪读》课堂上设计了三个综合性、实践性活动。第一个活动是通过辩论，对陪读现象和双方争论点进行分析，双方从家长的焦虑谈到学生心理的影响，过程中有情境、有争议，但缺乏对现象进行理性深入的思考。第二个活动是补充阅读材料，让学生修整观点，学生使用专业术语进行理性思考，随之发现道理上讲得通的未必适用于现实生活，从形式逻辑转向非形式逻辑。第三个活动是5分钟口头作文，现场将录音转成文字，展示学习成果，创新课堂上表达交流的方式。

《陪读》课上教师的角色为倾听者、组织者、引导者。有评课专家点评教师的话语呈现三个目的。一是引导，引导学生倾听他人；二是串联，把学生独特的观点串联起来并不断深入；三是要求，明确每一个实践活动的具体要求。教师看似说得很少，学生收获却很大，这得益于课前专业的读写深度融合设计。整堂课给学生难忘的写作实践体验，促发学生关注社会现象，在思辨性阅读和表达中提升学生自主思考、自由表达的能力。当然，我们在写作课堂转型的过程中，也不否认有些阅读文本需要教师精讲，有些写作技巧需要教师传授。讲解、传授、活动设计等都只是外在形式，关键是教师要具有基于学生认知需求的读写深度融合的意识，以及把读写深度融合的言语实践活动所要提升的语文学科素养在课堂上落实的专业设计能力。

新课标核心素养的取向，致力于将原有碎片化状态的阅读、写作能力训练转变成一个综合的整体，力促其呈现共生的、并进的、交融的形态。学生在读写深度融合的言语实践活动中，建构知识、发展能力、自主创新，最终形成客观评价、深度思考、自主表达、实践创新的能力。

第三章

语文课堂转型的课例分析

语文课堂：孩子成长的场域

——以《变形记》教学为例

一、授课背景

（一）缘起

2017年4月初的一个傍晚，电话铃声响起。陈静静博士说4月中下旬在上海平和国际双语学校开设"学习共同体'名师工作坊'"，邀请我以授课老师身份出席。

当时的我，自发实践学习共同体课已近三年，跟随陈博士做学习共同体课近一学年，在"学习共同体研究坊"平台上未上过公开课。我很感谢陈博士给我的学习锻炼机会，同时又有顾虑。一是担心时间太紧，不能高质量地完成这个艰巨的任务；二是和我一起开课的老师都是有知名度的语文学科领域专家、特级教师，感觉压力很大。我提出另选一位高中名师来上课。陈博士耐心地听完我的碎碎念，笑着说："每节高中语文课都用学习共同体授课，在高中阶段的教师为数不多。您要有底气，更要有自信！"

听了陈博士的一番话，我疑虑全消，爽快地接受任务，当即向陈博士说起我对这堂课的期待：要打破以往开公开课患得患失、反复修改、反复操练的毛病，尝试开一堂真实的原生态的学习共同体课。陈博士说："最适合学生学习的，就是最好的！"

（二）选篇

既然陈博士如此信任我，我立马围绕上课开展工作了。首先是确定篇目。以往开设语文公开课，我选择篇目有如下几个原则：一是自己最拿手的文体、文风；二是自己比较喜欢的作家；三是便于借鉴的开课资料多、名家解读过的文本；四是自己以前曾经开过课的篇目；等等。这些选择标准均有一个共同特点，就是以教师为中心选篇。学习共同体既然是由教师"教"的中心转向"学"的中心，学生在课堂上要实现佐藤学提到的"基于学科本质的'协同关系的学习''真实的学习'和'冲刺性学习'"，选择对教师、学生都有挑战的篇目比较好。如果这两个条件不能同时满足，那就把对学生有挑战的篇目放在首位。

想到这里，我脑子里突然迸发一个念头：我的班级事务不是遵循"凡事都商量"的原则吗？学生既然是学习共同体研究坊中的主角，我为什么不听取他们的意见呢？其实对于我来说，要上好任何一堂课都是不容易的，这不就是对教师的挑战吗？

（三）选班

2016年9月起，我担任了上海大学附属中学高一（1）、（3）两个班的语文学科教学，同时担任（1）班的班主任。我所在的学校是上海市示范类学校，校长的教育理念是"人人皆可资优"，在某种程度上和佐藤学教授提出的"优质而平等的教育"是不谋而合的。（1）班是学校和上海大学联办的伟长班，（3）班是创新实验班，两个班级学生的资质都是很不错的。

当天开课的班级只能有一个，我要二选一。从语文课的表现来说，（3）班学生进校时语文底子较好；学生外向奔放，思维活跃，经常会在课堂中出现高品质的思维碰撞；学生有过开设市区范围公开课的成功经验，放得开，敢想敢说。（1）班有26位男生，14位女生。男生理科成绩特别突出，语文成绩相对一般，有些处于短板状态的同学自述上高中前不喜欢语文，原因在于语文学习少、慢、差、费。自认为学语文就是背背记记，考完试就发现背的多考到的少,有点时间宁可刷题。(1)班高一刚进校时上课比较沉闷,不愿意主动发言。开学一个月左右的市级公开课上,学生拘谨,效果没有在(3)班试讲时好。但是如今,学习共同体的课堂已经进行了半年,学生的情况已经发生了翻天覆地的变化。(1)班的潘柳依同学在感悟中提到:"我们渐渐尝到了甜头,感受到了语文学习的快乐,我们喜欢上了语文,喜欢上了思考。每个人都参与其中,语文课不再是思维活跃积极发言的同学的天地,也不再是老师的独角戏。"这次开课,也是检验学习共同体实践成果的时候。

(3)班学生出去上课,肯定会精彩纷呈,他们在课堂中的表现欲望很强,老师根本不需要担心冷场。(1)班开学初市公开课沉闷的状态在我的心头萦绕,似乎成为我心头的"痛"。可是,作为(1)班的班主任,经过一个多学期的师生共建,以"感觉好"为班级理念,打造"幸福温暖的学习共同体";顺势而教、顺心而学,构筑和谐的师生关系;聚焦学生需求,家校合作,培养"真实性学力"的信赖课堂。孩子在每一堂语文课上的表现都让我惊艳,我为什么还要用以往的眼光去看孩子?我到底对他们不放心什么?我又对自己担心什么?而且,带学生到外校上课,毕竟还有一个组织安排、沟通协调等问题,班主任在协调各项事务方面可能会方便些。想到这里,我有点倾向于带(1)班学生出去上课。

我先征询(1)班学生的意见。没想到学生的热情高涨,喜形于色。我趁热打铁,问他们当天想上哪一篇文章,学生翻开高一第二册的目录,在仅剩下的《回忆鲁迅先生》《小溪巴赫》《在马克思墓前的讲话》《为了忘却的记念》《我有一个梦想》《哦,香雪》《变形记》这七篇课文中挑选。一开始声音七零八落,有学生提到《哦,香雪》,随后有学生说《变形记》,然后听到学生的翻书声,紧接着听到学生说:"这么长的文章!《变形记》!"又有学生附和,接着《变形记》的呼声越来越高。我问学生为什么选这篇文章啊?学生分别阐述理由,大致有以下几点:一是接触到的课文中篇幅最长的一篇;二是外国小说平时接触不多,好奇;三是之前看过这篇小说,但不清楚作者的写作意图。这七篇课文,《回忆鲁迅先生》《小溪巴赫》,我之前开过公开课，心里有底。《变形记》文本长且没有公开教学的经历，对我来说，挑战很大。

我对学生说："哇！这篇文章这么长，可真是个难题啊！"学生偷偷地笑。我继续说："你们可真厉害，一下子就选中了那么具有挑战性的篇目，真的确定要上这篇文章吗？"学生笑着齐声喊："是的！"我顺势说："那我接受你们给我的挑战！我们共同来学习《变形记》！期待属于我们的风采！"学生欢呼。

二、教学背景

（一）文本对师生的挑战

教学《变形记》一文，对师生来说都是一种挑战，其主要原因在于作品形式的荒诞。如果读者循着传统的阅读习惯来读，会觉得陌生、困惑。以往我对这篇文章的教学，走了两个极端：一是让学生自学文本。因为文本难以把握，先把这篇文章搁置一边，学期末来不及就不教了。二是老师细读文本，发现可讲的点很多，于是"满堂灌"，大量传授教学参考书上或者自己对文章的解读。实际上，从学生的视角来看，本文是具有强大吸引力的。原因有三：一是奥地利小说家卡夫卡（1883年—1924年）是西方现代主义文学奠基者之一，以特有的现代主义文学表现手法反映现代人的困惑。学生能借助本文小说主人公格里高尔的遭遇，结合卡夫卡独特的经历，从中体会到现代人孤独、冷漠、焦虑、痛苦的根源。二是艺术手法反传统，用荒诞的情节取代故事的逻辑性；用虚化的、富有象征性的空间、场景和人物来取代典型环境中的典型性格；用隐晦、暗示性的语言取代鲜明的语言，用时序跳跃、交错的心理时间来取代时序递进的物理空间；等等。这些现代派甚至是后现代的艺术手法，都给骨子里追求新奇的青少年一种强大的冲击力，也能帮助他们更好地解读中国当代文人的作品。三是文本是开放、存在空白点的。如文本主题、人物、情节、叙述情感、语言等的不确定性，给学生提供了多种解释的可能性，个性化解读文本的空间很大，能激发学生的探究欲望，充分调动学生的知识储备、各种积累、生活经验等。

（二）教师教授和学生学习感受的不一致性

有经验的老师会发现，教师教授的感受和学生学习的感受会不一致。这是为什么呢？以往我上的公开课，精心设计教案，学生回答一连串问题，上课没几分钟，便开始"失语"。我急于完成一个个教学环节，或急于告诉学生文章丰富的意蕴，几个课时都觉得"意蕴未尽"。学生获得了知识，却丧失了文本探究和自我解决问题的机会。我的语文课堂成了教师传授知识、学生获取分数的场所。随着学习共同体研究实践的深入，课堂转变连连，惊喜不断。如今，语文课不仅是学生学习知识的场域，也是开放学生的经验，直面具体情境，有所观察、有所倾听、有所交流、有所感悟的场域。师生共同直面意义生成的现场，在学习共同体中成为"意义生成的当事者"，课堂交织着多重声音，学生在这个融合了社会、政治、历史、文化的场域中体验、感悟、反思、成长。

（三）让语文课堂变成孩子成长的场域

《变形记》在沪教版教材高一第二册第四单元，单元主题是"小说及其评析"。小说应该是学生熟悉的一种文学体裁。它是作家虚构的艺术作品，这些虚构来自作家对生活的认识，反映出真实的生活。其中现代派小说往往将现实变形，淡化故事情节，有更多幻想和象征的因素，更加注重表达人物的内心世界。如果这篇文章按照传统的小说人物形象分析＋创作手法总结＋主题思想概括的模式，很容易变成教师的"一言堂"。如何让语文课堂变成孩子成长的场域，去阅读、思考、交流、领悟文本的深刻意蕴？需要师生重新审视、重构、创生小说教学内容，基于学生阅读小说的实际困惑和需求，将小说知识转化和表征为冲刺挑战性的问题，在学生的协同学习中，切实帮助学生提高解读小说的能力，增进学生的文学赏析素养。

三、《变形记》内容简介

弗兰茨·卡夫卡,是欧洲文坛的"怪才",西方现代派文学的宗师。生前发表《变形记》等作品,死后声誉鹊起,震惊欧洲文坛。他骇人的想象力、独具一格的叙事手法、荒诞的风格,被20世纪诸多流派奉为先驱。

《变形记》通常被认为是卡夫卡的代表作。主人公格里高尔·萨姆沙,是个旅行推销员。一天早晨,他从不安的睡梦中醒来,发现自己躺在床上变成了一只巨大的甲虫。"那坚硬得像铁甲一般的背贴着床""那穹顶似的棕色肚子分成了好多弧形的硬片……比起偌大的身躯来,他那许多条腿真是细得可怜,都在他眼前无可奈何地舞动着"。他变成了虫形,可是所生存的环境没有发生变化。房间仍然安静地躺在四堵熟悉的墙壁当中,那幅从画报上剪下来的画依然挂在墙上。窗外的天空依然很阴暗。他的心理也没有发生变化,他想到的是推销员苦差使的累人,为了还请父母欠的债不得不忍受老板非人的压迫,因赶不上火车的焦虑,不容许生病的残酷现状……他的身体不容自己控制,他非常清醒地与"起床"作斗争,在经过多次努力后,他发现"不知道如何才能摆脱这种荒唐的混乱处境",他"冒着一切危险来实现离床这个极渺茫的希望"。他希望得到家人的帮助,"抬他下床"。他以为自己还能"重新进入人类的圈子","对大夫和锁匠都寄予了莫大的希望"。可是,当变成甲虫的格里高尔出现在人们面前时,亲自出马来探询的秘书主任大叫一声,掉头便跑,母亲吓得昏倒在地,父亲一怒之下,挥起手杖,把甲虫赶回房间,恶狠狠地把门锁上。格里高尔随着形体的蜕变,逐渐失去了人的习惯,失去了说话的能力和人的声音,喜欢吃腐败的食物,习惯于在墙壁和天花板上爬来爬去,有时也躲在阴暗的沙发底下,但又保持着人的思维和心理活动。他能听到家里人为他变成一只甲虫而着急,也能观察到由于他变成甲虫而给家人带来的不幸。变了形的格里高尔依然怀着替家中还债、送妹妹进音乐学院的美好心愿。一开始,母亲和妹妹对于发生在他身上这突如其来的灾难十分同情。但久而久之,家人对他的同情渐渐变了恐慌、厌恶甚至是憎恨,盼着他能够早日死去。父亲气恼不过,不断向他掷苹果,其中一只击中他的后背，陷进肉里，终于在一天夜里，他怀着对家人的温柔和爱意，孤独地离开了人世。格里高尔死后，全家人如释重负，都为此而感到庆幸。他们外出郊游，准备开始新的生活。

作为卡夫卡最著名的小说《变形记》，以人变成甲虫而为众人熟知。小说被普遍认为是一则关于当代西方社会人的异化的寓言。人变成甲虫，在现实生活中显然是不可能的，但是在寓言中却不仅可能，而且真实可信。卡夫卡通过"人变成甲虫"的故事着重表现了现代人的灾难感、焦虑感和孤单感。如今，"人变成甲虫"成了西方人生存状态与心灵感受的寓言。

四、学习任务单的设计

《变形记》是以孩子的成长为场域的学习共同体课，孩子的成长是在协同学习的关系、真实的学习、冲刺性学习中发生的。课堂中的4人小组协同学习由夯实性学习与冲刺性学习两个部分组成。为使不同程度的学生都能在同一个课堂中得以提升，学习任务单的设计显得尤为重要。

（一）学习任务单的作用

学习共同体课堂实现的是"学"与"教"的翻转，这里的一个秘诀就是学习任务单的运用。在未实践学习共同体课前，我根据20年来的教学实践，制定了"五步预习法"：初读体验、作者简介、积累运用、主旨探究、提问质疑。"五步预习法"在以往的课堂上取得了一定的效果。自主性强的同学能够在这些共同的板块中发现每篇文章个性化的东西，可是，大部分完成任务的同学，只是粗粗预习，还是等着老师来讲解一些课外自己能查阅到或者能自学的知识。我为了照顾全班同学，不得不讲一些认真预习过的同学已然"知道"的知识，对于"知之不多"或者"全然不知"的东西，有时因为时间有限而只能略过。多年实践下来，我发现开学初同学们能认真地按这五步预习，可是能认真坚持到学期末的学生不多。其根源还在于未发挥学生自主学习探究意识。大部分学生还是为了完成老师的预习作业不得已而为。学习任务单设计的意图并不是让学生完成作业上交，而是为了让学生在课堂上更好地成为学习者。

因此，学习任务单并不等同于传统意义上的预习作业，而是教师设计的帮助学生在课前明确自主学习的内容、目标和方法，并提供相应的学习资源，以表单为呈现方式的学习路径文件包。设计学习任务单是为了让学生按照步骤自主学习，为课堂上建立积极互动的学习氛围服务，为帮助教师更好地组织"学教翻转"的学习共同体课堂，为使课堂上真正的个性化、差异化教学成为可能。在学习共同体实践的一学年中，我所教的两个班级的学生，对于学习任务单呈越来越重视的良好态势。他们借助手头所有的资源，通过互联网、图书馆查资料，工具书查知识点，课前同伴的互助讨论等，尽自己最大的努力进行自主探究学习。这种动力不是来自老师，而是来自同伴。一些不重视学习任务单的同学，在学习共同体课开设的初期，是有深刻教训的。他们由于没有认真学习，致使课堂上小组协同学习的时候无法对话，或者因为对话的层次不高而导致对小组的贡献不大。有一位同学在分享时提到："学习共同体的课，如果不好好预习，不好好对待'学习任务单'，那在小组讨论时就像傻瓜一样。"

（二）《变形记》学习任务单的设计过程

要让学生在成长场域的语文课堂去阅读、思考、交流、领悟文本的深刻意蕴，首先需要教师深入阅读、思考、领悟文本的深刻意蕴。我在反复阅读《变形记》原文、结合自己的个人体会感悟文章的基础上，借阅六本关于卡夫卡的传记和卡夫卡作品研究的书细细研读，又阅读了中国知网上和卡夫卡《变形记》相关的文献资料。在这个基础上给学生设计课前学习任务单，由于有大量的资料支撑，我站在一个高度看《变形记》，学习任务单设计得非常快，感觉打字的速度都跟不上我思维的速度。仅用了半小时，学习任务单就呈现在我面前，而且之后没有怎么修改。上课当天，学生把学习任务单放在桌面上，在夯实性学习环节，就是分享学习任务单的发现和交流疑问，教师在教室里巡视，起到一个观察员和导师的作用。冲刺挑战性学习环节，学习任务单为小组协同学习提供解决问题所需要的资源。开课当天扮演观察员的听课老师对我们学生的学习任务单非常感兴趣,纷纷拍照记录。课后研讨环节,听课老师针对学习任务单提了不少问题。

(三)《变形记》学习任务单

首先是学生的"学习目标"。它依据我个人对文本的解读,以及对学情的分析来确定。《变形记》我设置了三个学习目标:一是了解卡夫卡的有关情况以及现代主义文学的特点。二是阅读《变形记》全文,把握格里高尔变形之后产生的一系列变化。三是透过作者所描写的似平凡又不平凡、似真又非真的故事情节,看作品所揭示的深刻的社会意义。其次是"学习指导"。一是让学生查阅相关资料,比如西方现代文学史、西方现代哲学史、西方现代心理学史,把《变形记》放在西方现代派思潮的大背景下去阅读、去思考。二是阅读卡夫卡《变形记》全篇文章以及其他的代表作,以求更多了解卡夫卡创作的风格。三是运用历史学、政治学知识,结合工业社会的发展,科技的进步给人类带来的影响,理解人与人、人与社会、人与物的关系。

如果说,"学习目标"和"学习指导"是给学生指明学习所要达到的终点的话,接下来就是要把这些目标分解成让学生可以达到终点的学习路径。我细分了四大板块:整合查阅资料、初步感知文本、自主探究文本、学习反思文本。

● 整合查阅资料。学生借助网络即可完成,训练学生筛选信息、概括信息的能力。由四部分组成:卡夫卡的简介;现代文学的特点;卡夫卡作品特色;《变形记》创作背景介绍。

● 初步感知文本。一是文章讲了什么事情,请概括回答。二是让学生阅读《变形记》全文,通过表格的填写,让学生理清情节脉络,使人物形象、作者主旨意图更清晰更直观。题目设置很简单,以问题的形式呈现。看了这个开头的感受是什么?格里高尔在这个过程当中听到什么?想到什么?做了什么?表格的完成就是学生熟悉文章的内容,以及整理信息的过程。三是你阅读过程当中感受最深的一点是什么?请阐述你的理由。四是你在阅读过程中产生怎样的疑问？请提出你的疑问。

- 自主探究文本。分为三个问题：（1）格里高尔变形后发生了怎样的变化？请结合文中相关语句分析。（2）格里高尔为什么变成甲虫？（3）《变形记》和古今中外的"变形"主题的小说，有何异同？
- 学习反思文本。设计一个问题：卡夫卡的《变形记》，引发了你怎样的思考、感悟或者困惑？

周五下发学习任务单。学生利用周末的时间，个人自主探究学习。作业单不用上交，老师在课堂上也不主动针对学习任务单上的内容提示和讲解。这样做的目的，就是让学生更关注自主探究学习的过程，而不是为了上交老师满意的作业而花费不必要的时间。

五、《变形记》教学设计

（一）教学的设计以学生真实学习的发生为中心

实践过的老师都知道，学习共同体课前，老师要投入大量的精力，但这种精力会成就"专家型"教师和"学者型"学生。这是为什么呢？以我个人的教学经历为例，之前我为上好一堂课，也投入很大的精力，但很多时候是在学习的外围打转。比如把教学流程中的每一句话写下来，反复斟酌板块和板块之间的衔接话语等。结果可想而知，我想得越多，考虑越全，上课给孩子发挥的空间就越少。我就被这个教学设计套住了，我上课的时候就是在上教案。而学习共同体的课，老师的精力花在个人专业素养的提升和学生学情的了解分析上，是以课堂上学生真实学习的发生为中心的。随着实践的深入，我和学生们以令人惊讶的速度成长。

（二）教学设计的改进

最初版本的教学设计，有我以往教学的影子。20年的传统教学，有些东西是根深蒂固的。对我来说，理念的更新接受是很容易的，但是，一到课堂这个实践场域，问题就会一一暴露出来。我最初版的教学设计，大大小小、前前后后，共设计了 11 个问题！这是因为我看了这么多文献，那么多资料以后，发现我自己想讲的东西很多。我在设计的时候，还觉得自己已经做过了筛选，内容已经很少了。全然不知如果我带着这么多问题给学生上课，这堂课又被我控制住了。我为了上完"教案"上设计的内容，被迫一个问题、一个问题地去讲解。其实这也是一线教师现今普遍存在的问题：我们往往不缺乏理念，知道上课要以学生学习为中心，但是教的过程不知不觉地又以教师讲授为主了。

学习任务单、教学设计单，我当时是一气呵成的，当天就发给了陈博士。陈博士对教学设计提出了不同的看法，认为问题设置得太多了。可以设计一个基础问题，一个具有冲刺挑战性的问题。听陈博士一讲，我立马明白了。这么多年反复看佐藤学教授的书，学习共同体的实践发挥作用了。我想到日常的学习共同体课堂，也是主要解决一个冲刺挑战性问题的。怎么到了上公开课，掌握的资料多了，又要犯面面俱到、掌控全局讲解的老毛病？我在心底暗自感谢陈博士关键时刻的引领和帮助。

（三）冲刺挑战性问题的设计

基于我对文本的阅读体验和对（1）班学生学情的了解，我设计了一个冲刺挑战性的问题：卡夫卡为什么把格里高尔变成一只甲虫？文章开头一出来就是格里高尔变成甲虫，好像是很自然的事件。可是，卡夫卡为什么要这样写呢？按以往学习共同体课的实践经验，课堂会是一个自然的生态场，学生有时会在课堂中生成冲刺挑战性的问题。我一上课就把这一问题抛下去，还是根据学生生成的问题来共同确定冲刺挑战性问题？我陷入了深深的思考。

离正式上课的日子临近了。我和学生商量："同学们，明天上课是郑老师把设计好的冲刺挑战性问题提出来，还是你们来谈自己的看法、感受，提出问题？"学生说，自己谈看法、感受！听到学生的回答，我对自己、对学生，都放心、安心了。

六、学习环境的设计

开课前，上海市平和双语学校的雍海涛主任多次和我沟通场地等事宜，考虑到听课老师比较多，为方便听课老师进入课堂观课，商定上课地点在体育馆。课堂环境的变化会给我们带来不同的体验，我和学生很期待自由开放课堂的呈现。

由于事先没有去看过上课场地。4月25日早晨，我们提早了一个半小时到达学校。雍主任把我们带进阶梯教室。同学们用疑惑的眼光询问我："说好的体育馆呢？"原来，雍主任考虑到体育馆空间大、音响效果等问题，最后还是决定在阶梯教室上课。事已至此，我们如何利用有限的时间来设计最合理的学习环境？我环顾着四周，细心观察。阶梯教室的空间比较大，由三部分组成：前面是黑板讲台区域，有加高的平台；中间是狭长的平地，三三两两地摆放着绿色的小学生课桌椅；后面是阶梯教室常见的座椅。很显然，这是学生在中间上课，老师们在后面的座椅上听课的传统格局。可是，如果听课老师不能进入课堂中间观察学生的协同学习，可能会有"这种课听什么？""什么也没有听到呀？""学生交流，能聊出啥东西来？"诸如此类的疑惑。为了避免听课老师带着这样的疑惑回到自己学校，我们需要对有限的空间进行合理设计，让更多的老师能够深入到课堂中间观察学生的学习。

● 课堂的空间变大。阶梯教室可利用的空间已经固定，全班的40人也无法更改，如果按照一人一桌，整个空间全部撑满，可能连过道都没有。我当即决定撤出一半桌子。两张桌子竖向、左右并排在一起，学生两两面对面相坐。和原来教室里四张桌子拼起来相比，能节省一半的空间。

● 课堂的空间尽量向两边延展。阶梯教室的可利用空间呈扁平状，前后距离短，两边开阔，我把桌椅尽量向两边延展，尽可能地给观察老师留出空间，并提前把观课老师的座位放好。

● 充分利用原有的空间特点。当天来的观课老师有一百多人，全部进入课堂中非常困难。但是如果阶梯教室前面部分抬高的平台上坐人，后面第一排的椅子上坐人，可以解决 20 位老师的座位。而这些老师可以近距离观察第一排、最后一排学生的学习。

七、构筑活动性、协同性、反思性的学习共同体

4月25日9点整，老师们、学生们全部入座。高中的学生坐在小学生的课桌椅上，再加上两人合用一张桌子，有些拥挤，但面对面坐着的学生，能感觉到安全感，他们对学习环境的适应非常快。老师们齐刷刷地坐在阶梯教室后面的座椅上，我正想着如何把老师们请到学生中间来观课，作为主持人的陈静静博士开始宣讲观课规则了。

（一）陈静静博士宣讲观课规则

陈静静博士首先抛出老师们的疑问："学习共同体为什么不断地吸引人来参加？""为什么请到这些大咖上课，连'门票'都不要？"进而明确活动共同研究的目的，指出今天的课不同于以往的观摩课、演习课，而是真实学习的呈现。每一位观课的老师在"学习共同体系列研究活动"中，都是研究者，都是主人。

陈博士提出观课老师的几点要求：（1）真正站在孩子身边观察孩子真实的学习情况。（2）跟孩子打招呼，用笑脸对待每一位孩子。很开心地跟孩子说我今天和你一块学习。（3）和孩子们商量能否在观课时拍照。（4）认真倾听每一位孩子。（5）研讨的时候不评价上课的老师。（6）研讨的时候把观课记录分享给同伴。

如何做到倾听？陈博士在现场是这么解释的："站在孩子边上，最好蹲下来，最好你的视线低于孩子的视线，这个就是倾听的姿态。"陈博士提出开放学习共同体的课是想把它作为老师们共同研讨、共同反思的一个载体。我们不是为了评优，不是为了演戏，而是展现学生真实的、即时生成的学习场景。观课老师的重点是认认真真地去观察一个孩子，仔仔细细地记录。研讨的时候把观察记录分享给同伴，并反思自己的课堂，而不是评价执教老师

课上得好坏。

陈博士话音一落，观课老师纷纷从舒服的座椅上起来，坐到学生的身边。但是，还是有些老师没有离开座椅。

（二）夯实性学习的发生：小组协同学习，全班展示分享

我说："老师们好，同学们好，在接下去有限的时间里，我将和你们共同学习共同成长，当然也包括作为观察员的观课老师。孩子们，请你们邀请坐在后面的老师，到我们的身边来。"除了阶梯教室第一排的老师，所有的老师坐在同学们的身边，有不少老师坐在了讲台的台阶上。大家的视线低于孩子们的视线，倾听的姿态已经具备，我可以开始上课了。

正式上课。我对学生说，你们预习过文章了，也完成了学习任务单，你感受最深的是哪一点？你在预习过程中有疑问吗？请先阅读相关文本，然后和组内的同伴进行交流探讨。时间是10分钟。说完我就坐在第一排最右侧的角落里，拿起笔，观察最右边的那组学生的学习。近一学年的学习共同体课，我的学生训练有素，前面五六分钟，学生自主看书，边看边写点评，一点声音都没有。慢慢地有了小声交流，声音轻到只有自己的组员听到，不影响其他小组交流。观察员把身子俯下去，侧耳倾听孩子们近乎耳语的探讨。

8分钟的时候，我提示了一下剩余的时间。10分钟后，我请小组成员展示一下在讨论中感受最深的、小组有疑问的和达成共识的部分。话音刚落，坐在后方的四位同学马上起身，观课老师自觉地侧身让道，学生巧妙轻盈地穿过拥挤的缝隙，快速站在讲台上，整个过程没有一点说话声。大家都用目光相迎，表示了极大的尊重和期待。

1. 第一小组探讨疑问：格里高尔是人还是非人？

陈震伟同学一上来就非常自信，他站在讲台前，作为小组代表来展示组员的疑问和探讨的发现。其他同学依次站在旁边，一位同学在黑板上板书记录，每位同学都各司其职、分工明确。他们分析小说中两个特别关键的人物：格里高尔和妹妹。对于格里高尔，主要探讨他是不是人。从格里高尔的角度来看，他自始至终都认为自己和家人没有区别。从亲人对他的看法来

看，一开始姑且说他是人，因为妹妹对他的关照也是细心的。但是妹妹的转变是有代表性的，她是第一个照顾格里高尔的人，也是第一个对格里高尔产生厌恶的人。妹妹态度的转变体现的是人与非人的转变，从照顾到放弃，这是一个长久的过程。而非人到人的转变是突然的，就是格里高尔的死亡。他死后，家里又认为格里高尔是人了。家人对格里高尔的转变还有一个关键的因素就是"养活"：在他能养活家人的时候，格里高尔是人；在家人能够养活自己的时候，格里高尔就是害虫。

成员相互补充的观点：（1）格里高尔变成甲虫后的实际行动、生活习性都不能证明他是一个人，家人也对他慢慢失去信心。甲虫死了意味着格里高尔也死了，家人思念的是格里高尔。（2）家人对格里高尔态度转变有两个原因：一是社会原因，二是对家庭的贡献。

我对第一小组成员分享的观点进行串联小结，第一小组尝试解决的是格里高尔从人变到甲虫（非人）再变到人这一过程转变的原因。他们尝试从人的角度、社会的角度来解决这个问题。其他小组可以再深入，发表不同的看法。

2. 第二小组分享观点：格里高尔是不会思考个人存在意义的兽

第二小组同学探讨认为，格里高尔不知道如何摆脱荒唐的途径，寓示着人不知道如何摆脱困难的窘境。格里高尔想下床的个人矛盾得到解决，但他与外界交往的矛盾，与家人相处的矛盾无法解决。

第二小组对第一小组提出的问题进行深入思考。他们认为，格里高尔既有人性又有非人性。有人性的表现是他对社会有思考，对家庭有责任感。他的非人性是他生活在公共空间里，缺乏对个人价值的思考。格里高尔作为一只甲虫，非人性体现在外壳，人性体现在保持人的思考。与其说格里高尔是人，不如说他是一个兽。为了家族而活，没有自我存在的价值，这是当时社会环境和经济利益关系带来的人性消失。格里高尔作为推销员却不善于与人交际，作为家庭经济支柱，家人对他却不是很了解。可见他本来就是在人类的圈子外的。这与兽是相通的。

组员补充观点：（1）父亲把甲虫赶回房间并导致他受伤，和格里高尔变成甲虫还在为家人考虑形成鲜明的反差。（2）格里高尔个人价值感的缺失，是他悲剧的一个原因。（3）猜想格里高尔变成甲虫的原因：一是他的非人性；二是外界环境剥夺了他的工作能力，以甲虫来反映出家人对他的抗拒和不接受；三是甲虫的弱势地位和格里高尔的弱势地位是一致的。

我问第二小组有没有疑问，他们说没有。第一小组是基于《变形记》全篇探讨"人变成甲虫，甲虫变成人"；第二小组牢牢抓住了课文的节选部分，聚焦矛盾，提出"格里高尔具有人的思考能力，但是不会思考个人存在意义的兽"这样的观点，这样的提法非常新鲜，底下的同学和听课老师听得兴致盎然。

3. 第三小组分享疑问：格里高尔为什么变成甲虫之后，还是十分地淡然？

第三小组同学指出格里高尔变成甲虫之后，一般人都会觉得很震惊，但是他并没有。他只是说"我出了什么事了"。然后想为什么"我"摊上这么累的工作，就像人一样思考。他们向在座的同学提出疑问：格里高尔为什么变成甲虫之后，还是十分地淡然？

小组成员也分享了同伴间的矛盾，有两位学生认为格里高尔变成甲虫是庆幸的，可以摆脱工作压力，摆脱家庭的重担，作为一只甲虫被家人养着。有两位学生认为这不是庆幸，格里高尔失去了存在的价值。小组成员也分享了格里高尔变成甲虫的原因：一是对自我认识的缺失，二是家庭给他很大的压力，三是他对于无法掌握自己命运的一种恐惧感。

小组成员针对第一小组提出的格里高尔是人还是非人的问题，发表他们的看法：（1）格里高尔变甲虫后有人性，但他是虫子，不是人。他死后也不是人，因为家人像摆脱了负担和累赘一样感到十分轻松，所以格里高尔已经不是作为家庭成员存在了。（2）家人并没有把变成虫子的格里高尔当成他们的儿子，而是没有自我意识的一种生物。他们搬家，他母亲给出的理由是算了，不要把家具搬掉。这就是对格里高尔恢复成人，抱有希望。

小组成员还结合卡夫卡的背景资料来探讨文中的"父亲"。他的父亲是格里高尔变成甲虫前后性格反差最小的一个人。刚开始，父亲敲门很轻，但是用的是拳头；格里高尔变成甲虫之后，想把它赶回去；向格里高尔扔苹果，把它砸伤。文中的"父亲"和卡夫卡的父亲一样，是一个专制的暴君。卡夫卡写《致父亲的一封信》的时候，他提到一个喜欢的演员略韦，父亲用刻薄的语言，把略韦比喻成甲虫。这是卡夫卡选择把格里高尔变成甲虫的一个原因。也有组员提到，是社会压力巨大，男性负担重，让父亲的脾气暴躁。父亲对孩子的态度有种恨铁不成钢的意味。

第三小组四位成员分享完毕，正想回到座位的时候，台下坐着的其他小组同学站起来补充更正："卡夫卡的《致父亲的一封信》是他35岁写的，而写《变形记》时是32岁。"台下的另一位同学补充甲虫的意思："甲虫是音译词，翻译过来是臭虫，就是很不好的东西。"由此台下的其他小组同学和台上的第三组同学展开对话。发言次数共有18次，下面是对话的内容提要。

（1）卡夫卡为什么要把格里高尔变成一只甲虫？

● 卡夫卡用夸张的艺术手法，把小事情扩大来写，把一个人缩小为一只甲虫。

● 卡夫卡经常借助动物题材增加推力。把人们从当事者推到旁观者，用客观的眼光看社会现象。卡夫卡把格里高尔变成甲虫，看似虚幻，实际是通过虚幻把社会中的矛盾现象放大，让人们看清生活的本质。

● 把格里高尔变成一只甲虫，激化矛盾和冲突，让本来孤独的、无人诉说的格里高尔无法诉说。

● 甲虫相当于一个壳，象征着格里高尔背负的家庭责任。如果变成猫、狗，家人看到不会震惊。甲虫是非常丑陋恶心的，会引起家人反感。

（2）卡夫卡把格里高尔变成一只甲虫好还是不好？

● 格里高尔不作为甲虫的时候，有人的外表，但是没有自我的认识，他的思想是非人的。当他变成甲虫之后，虽然失去作为人的外表，但是他稍微认识到那微弱的人性。所以，我认为他变成甲虫是一件好事。

● 变成甲虫的格里高尔把更多的注意力放在自己身上。你觉得他是开始关注自己了吗?

- 我们不是说变成虫是好或者不好的事情。我们是说格里高尔对自己变成甲虫是高兴还是不高兴,他从心底里愿意还是不愿意为家庭工作。

- 格里高尔对家庭存在信念和热爱,他自始至终愿意为家庭付出,但得不到家人情感上的回报。家人的态度在格里高尔变成甲虫后暴露无遗,所以变了甲虫是好事,让他认清楚人性的冷漠。

(3)格里高尔是兽还是人工智能?

- 刚刚有同学说到兽,我认为应该改成人工智能。兽还是自由的,格里高尔并非自由的。一般人工智能是服务于这个社会,服务这个家庭的。我觉得格里高尔跟人工智能相似,他被家庭、被社会压制。

- 格里高尔活着就是供养家庭。他只是觉得工作很辛苦,供养家族这个过程很困难。但依然要自己挣钱,替父母还债,送妹妹上音乐学院。

(4)"变形"有几层涵义?

- 变形是通过多种途径表现的。不仅有生理的变形,还有心理的变形,以及社会关系、家庭关系的变形。

- 心理上的变形是缺少个体的意识,这与社会的变形相关。一战爆发前后,当你无法真正养活自己的时候,你不会考虑别人是怎么想的,你很容易以自我为中心。格里高尔是卡夫卡理想中的无私的人,为养活整个家族而存在,他满足了家人以自我为中心的想法。

- 我认为格里高尔并不是彻底无私的。文中说:"起床这么早,会使人变傻""人是需要睡觉"。这里的发牢骚,可以看到他也是为自己着想的。他的为家庭是出于内心深处的责任,社会条条框框的束缚,致使他无法释放自己。

- 格里高尔变成甲虫是种矛盾,他想要养活自己的家庭,但他又很想逃避这个职责,因为他并不喜欢这份工作。在他变成甲虫后,秘书主任、父亲这些人非常震惊气恼,只有他一个人是非常镇定的。

激烈的探讨归于短暂的沉默。我问第三小组同学:"还有问题吗?"他们回答："没有了。"然后回到自己的座位上。第一环节我是设置"夯实性学习",方法是让学生在小组内谈感受、提问题,小组协同学习并在全班发表展示。未曾想到他们在第一环节中的交流就这么深入,从人、非人、兽等层面探讨格里高尔的转变过程。第三小组的"淡然"这个词用得特别有意思,这个词的后面有我们的常规思维:人变成甲虫以后会怎么样?惊恐、惊慌失措、奇怪。但是格里高尔却很淡然!学生们提到,从格里高尔的角度来看,是个人自我认识缺乏以及在当时这个社会的背景下无法掌握个人命运的一种恐惧感。学生对格里高尔的分析是很清晰的。学生们还结合卡夫卡和父亲的关系,结合《致父亲的一封信》来分析,讲了为什么把格里高尔变成甲虫而不是狗、猫的其中一个原因,就是他父亲骂过他的朋友是一只甲虫。学生们的讨论已经是越来越深入了!台上台下互动非常激烈,有时候几位同学同时站起来想发言,但整个过程学生表现得又很谦和。说的学生不紧不慢、清楚地表达,听的学生认真倾听。有不同的意见不急于反驳,等到合适的时机再和缓地提出自己的不同意见。第三组同学提出的问题,就像一块石子激起层层涟漪,大家在沉稳安详、亲密无间的氛围中,展开着每一个人的个性和共性的相互交响的教学。

(三)冲刺挑战性学习的展开:小组协同学习,全班共同探讨

我对三个小组的全班展示进行串联小结:"第三小组同学在探讨卡夫卡为什么要把格里高尔变成一只甲虫,为什么不变成一只蜗牛、一只猫、一只狗?为什么不是当天早晨起来,卡夫卡发现自己瘫痪了?或者说发神经病了?卡夫卡把格里高尔变成甲虫的用意是什么?他写这篇文章的真正意图是什么呢?"我在说这段话的时候,一直在观察同学们的表情和姿态,确认这是全班同学的冲刺挑战性问题后,我仅给了小组 5 分钟时间,进行协同学习。这是很具有挑战的,但学生训练有素,话音刚落,立即凑在一起,轻声交流。作为观察员的听课老师的头都快和学生凑到一起了,他们认真地倾听,努力地记录。每个人的脸上都洋溢着真实学习发生的优雅风采。

时间到,我轻声地说一个"好"字,学生鸦雀无声,所有的同学都作侧

耳倾听状。我提议之前没有发表的小组先上来交流,并提醒学生,由于时间有限,回答问题时注意提炼概括。学生们点头表示赞同。

1. 第四组同学交流分享:卡夫卡写格里高尔变成甲虫到底是为什么?

第四组同学赞同前三组关于"变形"涵义的分析,提出用物理中控制变量法来说,作者想反映的是"不变"的社会环境,一种扭曲和人性淡漠的社会环境。

小组成员补充:"不变"的是社会人心的浮躁。社会关系变形让家人不再认为他是亲人,经理也不再认为他是一个员工,社会不再认为他是一个人。

小组成员继续补充:第一组提到格里高尔从"人"到"非人"再到"人",这里有定义出现偏差的问题。格里高尔认为自己是人,是他认为符合自己对人的定义,而家人认为他不是人,是家人认为他不符合他们对人的定义。

这时,坐在底下的陆安诚同学站起来发言:"补充一下。卡夫卡写完《变形记》之后给出版社写过一封信,请求出版社千万不要在封面上画甲虫,宁愿他们画的是父母在外面朝空洞的门里面眺望,或者妹妹对着一个敞开的门。《变形记》是格里高尔外形的变形,但他身边的人,身边的社会环境,也在变形。"陆安诚说完,同学们沉默,陷入深思中。

我进行串联:"我们这个小组的讨论已经深入了。由格里高尔生理变形、心理变形、社会变形,进而探讨变形后面的不变——社会的扭曲、冷漠、浮躁。卡夫卡用格里高尔的遭遇凸现了当时社会时代的特点。同学们预习时查阅了相关资料,为准确深入地解读文本提供了依据。紧密地联系文本分析,能够凸显文本的核心价值。"

2. 第五组同学交流分享:卡夫卡为什么要把格里高尔比作一只甲虫?

第五小组是最后一组上台展示的小组,他们在认真倾听前四组发表,积极参与互动探讨后,集中小组智慧,对冲刺挑战性问题分析得更深入。小组代表发言:"我们从两个角度来谈卡夫卡为什么把格里高尔变成一只甲虫。第一点,格里高尔的性格和虫类是相吻合的。如果把卡夫卡想象成工蚁,他的职责是侍奉母蚁，维持种族。格里高尔是家庭经济支柱。家庭成员也理所当然地依赖格里高尔。如文本第7节中，格里高尔说：'是的，是的，谢谢你，妈妈。'出乎意料的是，这时候'立刻响起父亲叩门声，很轻，但用的是拳头'，揭示父亲的矛盾心理。首先体现的是父亲对格里高尔十分反常的关心。'很轻'，就是说他不想打扰他。因为打扰他，可能就会断了经济来源，但又不能置之不理，所以'用的是拳头'，说明父亲内心是十分焦急的。如果放任他在里面不管的话，那他岂不是不去工作了？父亲内心是把格里高尔整个人当作一个赚钱的工具，即使有亲情那一面，也是小小一点。格里高尔也把自己当作经济上的支柱，但是他和父亲不一样，格里高尔对情感十分注重。如第4节：'再加上还有经常出门的烦恼，担心各种火车倒换，不定时而且低劣的饮食，萍水相逢的人也总是些泛泛之交，不可能有深厚的交情，永远不会变成知己朋友。'格里高尔对待萍水相逢的人，想的依旧是构建友情，而不是商务上的一种金钱利益的关系。可见他对亲情、友情十分注重的。格里高尔和虫类非人性的性格是相吻合的，所以卡夫卡把他变成一只甲虫。"

"第二点，卡夫卡把格里高尔变成一只甲虫，是想让大家体会一个人在家庭关系网中构建的经济支柱地位突然倒塌后的感觉。试想，假设一个人突然变成了甲虫，再把他放到人类社会当中去，他还有存在的意义吗？即使他还是人类的思想，他在人类当中也是无能的存在。人类社会是一个关系的网络，物质上的能力赋予互相存在的意义。这是平衡的状态。突然把格里高尔赚钱的能力剥夺，他就不平衡了，需要靠周围人去填充这个空缺，或者说，去取代他的位置。《变形记》全文结尾说，家人各自找到了工作。父亲到银行里做工，母亲靠织毛衣赚钱，妹妹做了零售员，可见他们有赚钱的能力，是能够凭借自己的能力找到工作的。只不过他们不愿意自己赚钱，而是把格里高尔当成赚钱的机器。综上，我们小组认为卡夫卡把格里高尔比作甲虫，原因有两点：一是格里高尔内心的性格和甲虫的非人性的性格相吻合。二是卡夫卡想通过变成甲虫的格里高尔，强调当时社会物欲的扭曲，给人以警醒。"

小组成员补充:"格里高尔变成甲虫之后,虫性可以体现他被压抑的人的个体性,但社会性占比就减少了!可见,变成甲虫就凸显了人的社会性和个体性的矛盾。"

小组成员补充:"格里高尔变成甲虫,家人的害怕、嫌弃,能暗示当时社会环境扭曲的黑暗。"

第五组代表继续发言:"小说的意义可能是让我们看见自己的原型——我们是什么,我们能够干什么。有人评论卡夫卡的小说是极端锋利的象征。为什么不变成小猫?为什么变成甲虫?我们认为变成甲虫更反映人类的异化、人性的异化。当格里高尔不再具有经济能力的时候,即使保留了人性也失去人该有的地位。他到底是一个人还是一只虫呢?"

小组成员补充:"格里高尔为了家庭着想,现在的我们肯定也是这样的。然而,当时社会中其他人,对于我们来说是不正常的,他们自私自利,唯利是图。格里高尔进入不了围绕金钱的扭曲的社会,一直游离人类圈子之外,变成甲虫也不足为奇了。"

小组成员补充:"我最终保留一个疑问:我们判断人的标准,是看人的外表还是看人的灵魂?变成甲虫的格里高尔令人恶心,这是人之常情。或者说我觉得,我们现在还是在以外貌来审视一个人。如果我们身边有人变成甲虫,我们很难感同身受。"

3. 师生共同探讨,对话交流

"卡夫卡把格里高尔变成甲虫,是想反映当时社会中小人物孤独的生活现状和金钱至上的不良的社会关系。"

"之前有同学举蚂蚁的例子,甲虫不像蚂蚁一样是群居的。现代主义文学想要表达的是孤独、寂寞,与社会背离的人,一旦变成甲虫很难'翻身'。"

"我有一个疑问:格里高尔如果不是变成了甲虫,只是丧失了工作能力,比如四肢废掉了,他的家人会抛弃他吗?"

"我觉得格里高尔内心没有变,只是形态上发生了变化。真正变的是这个社会,更加注重物质,而不是人的精神。"

"如果抛弃一个残疾人，是不合乎人性的。而抛弃甲虫就不用背负道义上的责任。"

"我觉得这篇文章还有一个点可能是沟通很重要。变成甲虫前，格里高尔如果和家人有良好的沟通，一起面对困难，也许就不用背负这么大的压力。变成甲虫后，他失去了沟通的能力，连最了解他的妹妹也渐渐地抛弃了他，很可悲。"

"文章有大段对格里高尔心理的描写，可以分两类，一种是抱怨工作辛苦，一种是渴望自由。我觉得格里高尔有分裂的人格和分裂的意识，内心中有两个冲突的自我：一个是渴望自由的，另一个是忍受家庭社会重压的。"

4. 师生小结梳理：格里高尔变形原因

● 卡夫卡把格里高尔变成甲虫，是通过虚幻把社会矛盾放大，让人们看清生活的本质。

●《变形记》是卡夫卡逃避现实生活，潜入创作生活，揭露内心世界和外在矛盾的一种方式。

● 变形后的格里高尔被视作异类而遭到追打、唾弃、隔离，最后孤独地死去，预示着当时社会中人的悲惨命运。

（四）我的文本解读——倾听、串联、反刍后的总结

一节课，五个小组共20位同学上台展示。全班同学对话交流，满满一黑板的分享。每一位同学在认真完成"学习任务单"的基础上，小组同学协同学习，每一位同学都发出了自己的声音，每一种声音都是高质量的。每一位同学都在认真地倾听，认真地记录，并纳入自己的思考体现，结合自己对文本的理解，发表自己独特深入的看法。冲刺挑战性的问题就像扔入池塘的一块石头，在学生的心头荡起层层涟漪，学习在静悄悄地探讨中发生，成长在静悄悄地学习中发生。87分钟的课，每一位同学都站起来发言，所有的观点像小溪一样汇入大海，这对于我来说，很具有挑战，在下课前的5分钟，我该如何把学生分享的话语，汇成大海？之前备课时看的七大本书，一大堆文献资料，一遍遍咀嚼文本，在这时发挥作用了。在倾听完学生的发

言，我的脑子里闪现的是四个字："不确定性"。于是，我用这四个字总结了这节课。

同学们对文本的探究程度非常深入，我从大家的分享上感受到这几个字：不确定性。小说的主题是不确定的，大家提到了时代背景说、卡夫卡自传说、异化说、父子冲突说、荒诞说，等等。除了主题有不确定性，有同学也提到了文章心理描写中人格分裂和意识分裂，可见人物的一些想法是不确定的。卡夫卡叙述的语言是不确定的，如格里高尔变成甲虫以后，感觉身体还很好，但是又觉得自己不能离床，前后有矛盾。情节也是不确定的，文章开头很突然，又可以一直写下去。这就是为什么我们写了满满一黑板，讨论将近一个小时，还没有讨论出一个很确切的答案，因为卡夫卡给了我们太多的不确定性。

第一组同学分享格里高尔从人变成了甲虫，又变成了人。我觉得很有意思。现实生活中活生生的人，被当时的社会压抑为荒诞的非人（甲虫），但是我们经过讨论之后，最后发现这个非人（甲虫）其实在社会当中最像一个哲学意义上的人。而那些自以为没有变异的家人，却像非人。卡夫卡通过"人即是非人，非人即是人"这样一个朴素而艰深的道理，让我们来认识当时的政治、经济、文化和宗教氛围。

刚才有同学在下面小声交流，这篇文章没有意义。这位同学很有想法，同时也引发我的思考。我们在一堂课的探讨中，人变成甲虫后，想到的、听到的、看到的，有意义，又好像没有意义。但是卡夫卡写这篇文章有没有意义？有意义。因为我们通过这篇文章，了解到了卡夫卡当时所生活的时代状况，甚至能看到我们自己的内心。有一位同学提到现代派文学的特征，如象征性、荒诞型、意识流等。传统的写实小说，讲究逻辑的严密性。《变形记》打破了情节发展的可能性，从一开始就很荒诞，但我们看到后面又感觉这是个真实的社会，反映的是真实的人性，引发我们无限思考。

这篇课文要挖掘的东西还有很多，有待同学们再探讨。感谢每一位同学的发言，非常精彩。感谢观课的每一位老师，和我们在相互倾听、相互学习的氛围中共同成长。今天这堂课就上到这里。

八、课后研讨和反思

为了让研讨更深入,陈博士让观课老师和全体学生共同进行课后研讨。每一个人都是学习共同体的实践者、研究者。以下是课后研讨实录:

第一组研讨分享:学习共同体构建前后的转变

我们被课堂上发生的学习震惊了!我们对学习共同体成立前后的转变做了探讨。在与学生沟通中,得知学习共同体是有阶段变化的。第一点是分组。郑老师从按学习小组的分组,到 U 字型,再到今天自由搭配的四人小组,一直在找寻更好地帮助学生沟通交流的方式。第二点是学习共同体能挑战深层次问题。打开思维,不断碰撞,深入探讨,学生会突破老师个人思考的局限性,挑战一些深层次的问题并取得超出学生已有认知水平的结论。第三点是课前"学习任务单"。可以让学生自主探究学习,把必须懂的基础知识,内化成解决冲刺挑战性问题的资源库,为协同学习打下了坚实的基础。第四点是平等。我们看到今天的课堂,学生发言很踊跃,甚至是"争先恐后"地发表自己的观点,但一有同学说话,所有的同学都认真地倾听,我们很敬佩他们这一点。也很好奇他们是怎么从原先羞涩的态度转变到现在自由自信的态度。学生们表明一开始是有组长的,结果发现有的组长掌控了发言权,有的组长推卸责任。取消组长之后,无形中保障了每一个人平等发言的权利,也保证了每一个人学习的权利。在没有组长的限制之下,学生在小组协同学习中,呈现的是自己的观点,表明的是自己的看法,享受发表自己独立见解的乐趣。第五点是倾听,我们在整堂课的观察中,发现无论哪个学生,对其他学生的发言都是很认真、很仔细地倾听。设想一下,我们老师坐在教室里面,一个半小时听一个人讲话,是很难专心的。但是他们能够在一个半小时之内,自始至终认真地倾听同学们发出的声音,这一点难能可贵。学生们是这么解答为什么要认真倾听的:"我们倾听了别人的观点,才能更清楚地形成自己的观点。"很感谢学习共同体这个平台,让我们进一步了解了倾听、平等和关注。谢谢。

第二组研讨分享——每位学生都有不同的找存在感的方式

姚博文同学发言很少，他很认真地在这节课上担任计时员，我问他为什么？他说"刷存在感"。每个学生在课堂上有不同的找存在感的方式。他不发言并不代表他不思考，他可能更喜欢在脑子里跟别人的观点进行对接，进行对比，进行碰撞。每个人产生知识链接的方式是不同的。这是我观察姚博文同学的收获。今天的座位是自由组合的，一位组员告诉我，组内两位女生之前在其他组发言比较少，今天发言比较多。我就问为什么？她们说因为其他组"大佬"比较多，感觉别人发言比较多，就自然而然把自己的观点收敛起来，而在这一组的合作相对比较顺畅。两位女生做得更多的工作是记录，把大家的讨论记录下来，把别人的思考过程记录下来，最后自己的体会越来越深，想讲的也越来越多。通过观察这一小组，我们看到拥有不同个性、不同学习方式的学生，可以通过他们自己喜欢的方式在课堂上学习到知识。这是我们这组的分享。谢谢。

第三组研讨分享——学生的思想交流碰撞让我们大开眼界

我观察到陆安诚是小组领导人物，一直主讲，其他三位同学基本上处于倾听状态，起到一个补充的作用。佐涵宇同学基本上属于倾听者，组内听不到他的发言，他负责记录，但上台展示的时候讲得很精彩。他们小组讨论的声音很轻，我听不清他们的讨论，但是他们思想的交流和碰撞让我们大开眼界，每个同学都有自己的观点。我还观察到陆安诚同学拿了一本厚厚的《卡夫卡全集》。我仔细看了"学习任务单"，每个同学都写得满满的。说明郑老师做了很多工作，同学们也花了很多时间预习这堂课，才会出现各位同学在讲台上那种自信飞扬，思维的那种敏捷性。这堂课让我大开眼界，我真心佩服学生。我有两个疑问，想讨论一下。黑板上，每个组分享时都写了那么多，看上去让人眼花缭乱。郑老师在串联时做了提炼，但是我觉得同学们可以更精炼地板书，像第一组同学那样提炼一些关键词写在黑板上，看上去一目了然。另外一点也是郑老师在课堂上提的要求，注意语言精练。我看出来每个同学都是才思敏捷，语速非常快，表达自己的观点非常流利，几乎想把自己想的每一句话，每一个词说出来。但我觉得，可不可以像板书一样，把理由再精炼一些，让大家都有表现自己的机会。这是对这一组同学的观察结果。谢谢。

第四组研讨分享——"要听别人分享完，我才会表达自己的想法"

我们观察的四位同学协作学习的效果非常好。杨辰子同学在组里面属于引导者的角色，郑老师抛出的问题很大。她就把分解的问题不断抛给同学，为什么格里高尔越来越甲虫化了？能分析一下妹妹和父母的不同吗？声音几次被提到代表了什么？陆成劼和周辰属于活跃的配合者和思想的分享者。姚博文同学怎么没有声音？结果发现他承担了重要的责任，就是提醒我们时间要到了。郑老师提了课堂中生成的冲刺挑战性问题：卡夫卡为什么要这样写？我们观察到他们的讨论更加活跃，思维更加深入了。四个同学都参与到讨论当中，自由平等没有顾忌。郑老师这节课抛出的主问题非常大，我在思考这个问题，如果我来上这节课，会不会没有方向。然后我们注意到有一个"学习任务单"，设计合理，使学生自主学习有方向和目标，能够让学生循着这条路径越来越深入地学习。再讲讲学生之间的倾听。学生之间的倾听为什么这么好？有同学告诉我："要听别人分享完，我才会表达自己的想法，逐步完善自己的观点。"倾听就是不断地接收，不断地加深自己的理解。最后就是老师的串联，我觉得总结点评非常到位，比如第二组聚焦矛盾的现象，后面有的关键词不是很清楚，需要老师提炼、帮助。这是老师在课堂上的作用，虽然看起来郑老师大部分时间都很轻松，但她能引用小组发言的原话来串联，比如："缺乏思考自我价值的兽"，很到位，也体现了郑老师的功力。

第五组研讨分享——我被学生感动了

我观察的同学，非常认真。他的学案写满了，课前准备充分。我问要花多久，他说要半天。他有自学能力，在自己思考的基础上借助网络资源学习。在同学发表观点时，他把身子侧过来倾听。轮到他起来说时，能把自己想要表达的内容表达出来，而且比其他同学的概括能力强一点。有一个问题讨论激烈，其他组同学反驳他，这个时候我觉得他能够很自然地接受，没有表现出不服气。我觉得这个孩子很善于学习。

我们重点是观察孩子们的观点串联和对话是如何发生的。先是并排的一位同学说一句话，然后另一位同学立马补充。对面两个孩子就回到文本，开始讨论。对话怎么形成？我们发现学生愿意倾听，愿意补充，愿意回到文本论证。

我被丁诗悦同学感动了。组内分享的时候，我看到一个细节，丁同学很自信地讲了一点，然后让旁边的同学先说。她会把时间、机会先给稍微弱一点的同学，最后她再做补充提炼，这是我非常感动的。这个小组真正做到平等合作，而且非常公平，非常打动我。

第六组学生研讨分享——学习共同体给我们带来的收获

我们谈一下学习共同体课堂学习带来的收获。这种学习方式给了我们思想交流的机会，我们不是单方面地接受老师的信息，或者收获自己的想法，我们还可以汲取所有同学智慧的结晶。比如说你有一个想法，我有一个想法，交换一下就有两个想法。倾听自己没有想到的，纳入自己的想法里。像这篇文章一样，有可能我们一开始只想到其中某一个点，经过全班同学互相分享之后，我们可以了解到各个点，这是多层次的思考。当然，不能只是光听不想，倾听到的点很散，要不断地思考为什么。我觉得这很考验人的信息提取、整合概括能力。

分会场研讨主持人赵士果博士的分享——对话和串联

这节课郑老师有两点体现得非常明显：第一个是对话，第二个是串联。为什么这两点给我印象最为深刻呢？因为第一个问题非常开放，学习这篇课文感受最深的一点是什么？这是生发出个人问题，然后个人问题又形成小组问题。小组进一步对话，又形成更大的问题，整节课同学之间都是在对话交流当中学习的。这个对话包括了同学和文本《变形记》的对话，包括了小组同学对话，包括了自我对话。我观察到姚振一同学由开始的不是特别了解，然后通过和同学的对话，还有和自我的对话，对整个文本的理解越来越深刻。各种不同的对话加深了对自我的理解。还有一个特点就是这节课郑老师串联得非常好，同学从一个问题到另外一个问题，大家生发出最重要的一个问题。这两点给我的印象非常深刻。

这堂课对我和学生来说，是全新的体验。我们第一次上近90分钟的课，在那么多听课老师面前完全真实地敞开自己，自信地发出内心的声音……感谢主办方，给我们留下了录像、照片、文字实录等宝贵的资料，能让我在一次次回顾中反思自己的教学和学生的学习。

第一，构建幸福温暖的学习共同体。

从《变形记》上课情况来看，每一位同学都在进行高品质的学习，自信从容地表达自己的观点。这是在"幸福温暖"学习共同体构建的土壤上培育出来的花朵。一学年以来，我和学生用心营造心与心之间相融互通、和谐共享的文化氛围，以优秀的班集体文化凝聚人心、促成学生发展；我们基于学习共同体，顺势而教、顺心而学，构筑和谐的师生关系；我们聚焦学生的实际需求，通力合作，培养"真实性学力"的信赖课堂。在这个共同体中，我们共同倡导"平等、合作、共享、卓越"的班级文化，明白人生的方向是自己选择的，学习是自我主导的，每一位成员都有责任全身心地投入到学习中去。在这个共同体中，每一位成员在每天的学习中，积极主动地参与，努力做到"体验、感悟、反思、成长"。

第二，基于相互倾听的学习共同体。

佐藤学认为学习是同客观世界的对话，同他者的对话，同自我的对话。从我和学生确定上《变形记》开始，就一起走上学习之旅。教师作为引领者，既要站得高，看得远，同时也要站在学生的立场上，为学生搭设学习的支架。学习任务单就是让学生在不带任何干扰的情况下阅读文本，产生疑问，独立思考，并利用工具资源，探索解决问题的路径。在课堂中，我认真倾听，对学生在探讨中提出的问题，做即时的归类整理，现场生成冲刺挑战性课题。学生在小组协同学习中提出自己的疑问，尝试解决并努力达成共识，把自己的学习成果分享给同学，进行反思和批判性思考。全班展示环节是努力把解决问题的思路可视化的过程，对话者看似互不关联地提出自己的问题或者阐述自己的理由，但是倾听者努力地把他人的观点纳入到自己的体系中并加以精确化。

第三，教师是一位具有多重身份的倾听者。

课堂环境是非常复杂的,具有如下特性:第一,多层性。在上《变形记》这堂课时,我的手中没拿课本,也没拿教案,而是拿了一本笔记本,在倾听每一位学生发言时记录要点,理清层次。第二,同时性。上课时,我不仅倾听学生的回答,还关注学生的表情动作,关注其他学生的反应,努力营造"润泽、宁静"的课堂气氛。第三,瞬间性。87分钟的一堂课,有位老师帮我计时,说我讲了8分钟时间。努力把课堂还给学生,把话语权交给学生,在思维的火花不断碰撞中,认真倾听每一位学生的声音,及时捕捉并适时生成问题。一学年的共同体实践证明,师生的倾听能力都是可以训练的。

陈静静博士说:"孩子们身上的潜力是未知的,需要教师给他们更多的平台和空间。倾听孩子的心声,我们的心里也产生了回声。"一旦教师把学生的学习作为中心,把课堂变成孩子成长的场域,你会发现,每一个孩子都是独一无二的个体,你能分辨出每一位孩子背后的逻辑。在所有孩子交织成的美妙音乐中倾听、串联、反刍,最终实现交响、合作、澄明的课堂教学境界。

真实学情才是教学的真正起点

——以《劝学》教学为例

一次，我在讲授荀子《劝学》一课时，一小组的学生在全班分享后提出两个问题：第一句在文中的作用不清楚。"学不可以已"与下文关系不大；文章的逻辑不严密，句与句之间有断裂、跳跃的感觉。

一石激起千层浪，大家纷纷谈自己的观点。有的学生认为"学不可以已"引出下文论述学习的重要性；有的认为"学不可以已"是全文观点，之所以会有和下文关联不大的感觉，可能是因为后人分段以及内容有删节所致，需要看原文。

于是，我当堂下发部分原文。学生快速阅读后指出："学不可以已"是揭示此文写作背景，引出"学习要讲究方法"的观点。这个提法马上被其他同学否定，大家探讨后达成共识："学不可以已"是全文的中心论点，理由是第一、第二段关乎"为什么要学习"；第三段关乎"怎么学"。

有学生继续提问：观点不是要明确清晰吗？为什么不用"要不断地学习"？大家探讨后认为，这两句话的意思是一样的。用"学不可以已"更有现实性和针对性，能起到纠正当时社会存在问题的作用，而"不断学习"感觉就像板着脸和人讲道理，不太能赢得当时读者的认同。

还有学生提出，文章有些语句不好理解。比如第一段"君子曰：学不可以已"和"君子博学而日参省乎己，则知明而行无过矣"表达的意思比较清楚，但中间的句子到底在讲什么？

我提醒学生关注本文写法上的特点，提出本文主要用了比喻论证的方法。以"青,取之于蓝,而青于蓝;冰,水为之,而寒于水"这个比喻句为例,引导学生着重探讨"青"和"蓝"、"冰"和"水"的关系,用还原本体的方法来揭示句子的内涵:人经过学习之后,比没有经过学习的人更厉害,即学习能提升自己。学生按照还原法解读第一段第三句,阐明学习可以使自身发生改变的道理。最后概括出第一段要点:阐述学习的重要性,即通过学习提高自己,改变自己。

学生尝试还原第二段比喻句的意思,"吾尝终日而思矣,不如须臾之所学也;吾尝跂而望矣,不如登高之博见也",先讲道理,阐述个人的力量有限,借助学习之后就能取得显著效果。"登高而招""而见者远";"顺风而呼""而闻者彰";"假舆马者""而致千里";"假舟楫者""而绝江河",反复阐述人善于借助外物就能够发生很大的变化:已有的会更强,有缺陷的可以补足。这里的"物",本体就是"学习"。第二段用了多个不同的比喻,阐述学习的重要作用。

第三段全部都是比喻句。先用"积土成山,风雨兴焉""积水成渊,蛟龙生焉"两个比喻引出"积善成德,而神明自得,圣心备焉"的结论,说明学习要积累。文章又从反面设喻,"不积跬步""不积小流"进一步阐明积累的重要性。用"骐骥"与"驽马"、"锲而舍之"与"锲而不舍"对比来阐明学习要坚持不懈;用"蚓"和"蟹"对比来阐明学习要专一。这一段论述了学习的方法和态度。

深入解读这些比喻说理的句子后,学生认为,用这些生活中鲜活的例子阐述抽象的道理,容易让人理解。而且,荀子运用比喻的方式方法也灵活多样,有的单独设喻,有的反复设喻;有的正面设喻,有的反面设喻;有的用比喻来说明道理,有的先说道理,再用比喻来证明……这些比喻,层层推进。文章是有逻辑性的。

在"学习共同体"课堂中,学生生成的这两个问题,是出乎我意料的:文章中为了使读者能更形象地理解抽象道理的比喻句,竟成了学生理解文意的"拦路虎"。

以往我采用讲授的方法,最多半小时就能把整篇文章分析完。学生会记一大堆笔记，但他们真的懂了吗？大部分学生在独立分析类似文言文时，依旧存在文本理解的困难。此时，老师往往会责怪学生不会灵活运用所学知识，却很少贴近学生，了解他们的困惑点和障碍点。

我们要知道，学生真实的学情是教师实施教学的真正起点。我们要反思，课堂上有没有真正关注到学生的学习经历？有没有借传授知识的名义剥夺了学生思考获取知识的机会？以此改正自己的教学方式，让学生在每节课上真正产生思维的碰撞，用自己的方式学有所得，真正实现我们的教学目标。

高三"协同学习"的课堂风景

——以《苏武传》教学为例

《苏武传》第二课时是在疏通全文意思的基础上探讨苏武的人物形象。当堂下发的学习单上只有一个冲刺挑战性问题:"文章从哪些方面表现苏武的气节和精神?"

我轻声说:"小组协同学习10分钟。"教室里鸦雀无声。学生在学习单上圈画关键词,一边翻书一边写。大约3分钟后,轻声交流的声音响起。

一、我坐在学生的身边学习

我搬了一个凳子,坐到孙泽凯小组边上。学生把问题分解成两个子问题:(1)是哪些方面?(2)苏武的气节和精神是什么?一位学生提出从对比手法和语言描写两方面来探讨。其他三位学生点头。这位学生把自己的想法具体阐述完毕,另一位学生指着学习单说:"等等啊,似乎不对。这个问题和'文章是如何刻画人物形象的'一样吗?"组内学生都说不一样。刚才发表见解的学生恍然大悟:"哦,我没有审清楚题意。不能从手法角度去分析。""'哪些方面'指的是什么呢?"一位学生喃喃自语。一位学生翻阅书本,最后把目光聚焦在题目上,说:"题目是《苏武传》……传记类文本主要通过事例来刻画人物形象。我们要不要来概括一下本文写了几件事?"其他学生表示赞同。也许是因为有《鸿门宴》学习的基础,他们很快概括了十件事。"如果我们把这些事情一件一件地说,有点繁杂。我们是不是把这些事情分分类？"一位同学说，其他的同学点头。用什么分类标准呢？各人发表自己的看法之后达成共识：按照文章情节发展的顺序合并成五类。10分钟已到。我看看其他小组也正在紧张地探讨中，就不打断学生小组协同学习。

小组紧接着探讨第二个问题。一位学生提出疑问："气节和精神有什么不一样？"一位学生马上翻阅字典，查出气节指"人的志气和节操"，并说："我们一般会讲爱国精神和民族气节。"其他三位学生点头，不再纠结词语的意思。他们快速达成共识：苏武具有爱国精神和宁死不屈的民族气节。学生抬头看我。教室里的声音变小了。我看看表，小组协同学习总共用了15分钟。我问哪个小组愿意分享，话音刚落，夏聪所在的小组拿着课本、记录纸上台分享。

二、小组分享和全班互动

夏聪担任主发言人，秦斐然、吴月琪补充发言，须奕航板书。夏聪从"苏武对投降者、对部下、对单于、对恶劣的自然环境、对自己"这五个方面来分析苏武的人物形象。联系文中的句子分析苏武的爱国精神和宁死不惧的气节、坚定的意志等。秦斐然补充说："我们小组在探讨中，特意加了一个方面：苏武对自己。理由是苏武自杀未遂，苟活世上，就是为了要回到汉朝。"一直倾听的侯宇捷同学站起来提问："苏武之前两次要自杀，为什么在北海这么艰苦的条件下牧羊，却不自杀了？"秦斐然解释说："之前自杀是为了不负国家，苟活牧羊是为了有一天能回到汉朝。"侯宇捷显然对这个回答不满意，他说："我不同意你说的苟活，前面两次主动要死，后面选择不死，苏武肯定有他的考虑。"陆安诚同学接过话题说："我认为苏武不是苟活。第一次自杀是苏武得知副手张胜卷入缑王谋反事件，担心'见犯乃死，重负国'，就是有种跳进黄河也说不清楚的感觉。与其被抓住侮辱而死，还不如自杀，以此来保全国家的利益和自己的名誉。而第二次自杀是'单于使卫律召武受辞'，苏武认为'屈节辱命，虽生，何面目以归汉！'是想用自杀来维护国家尊严，不辱使命。而在北海牧羊部分，是坚持着要回到汉朝。苏武两次死和后面的不死，都是很坚定的，没有苟且偷生的意思。"陆安诚同学的说法显然说服了秦斐然，秦同学转身擦去黑板上的"苟活"二字。孙泽凯同学站起来补充："苏武第二次自杀是被卫律救下来之后，'单于壮其节'，苏武之前被牵连的担心就不存在了。正因为他宁死不屈，而单于又想让他投降，所以把他幽禁在恶劣的环境中，'绝不饮食'，提出'羝乳乃得归'这个不合理的要求，就是想让他撑不下去投降。如果这时候苏武自杀，一方面是没有气节的表现，另一方面可能会引起汉朝廷和匈奴的战争，和他出使匈奴的和平目的不相符。另外，他在匈奴一直持节，这些都表明苏武是把国家利益放在第一位的。"很多同学都在点头，陆安诚站起来说："'死'和'不死'这个问题挺好的，但是我们似乎偏离这节课探讨的问题了。"同学们陷入了沉思。夏聪小组看看下面的同学不再探讨，回到自己的座位上。

庄顺怡同学打破沉默，说："这个问题的探讨非常有价值，我在听夏聪小组发言时，一直在思考。隐隐觉得他们小组有两个问题：一是分类标准不统一，造成分析苏武形象时很凌乱，好多内容重合；二是爱国精神缺乏层次。"我顺势邀请庄顺怡所在的小组上台分享。大家饶有兴致地倾听。小组学生把全文的事件分成三组：作为汉廷使节的苏武和与匈奴为首的统治集团的斗争；苏武与以卫律为代表的投降者的斗争；苏武与险恶的幽禁环境的斗争。庄顺怡说："苏武的爱国精神是有层次的。第一个层次是'忠诚'，表现在苏武面对卫律的软硬兼施，怒斥其'畔主背亲'。单于'壮其节'，但是苏武一直和他对着干，体现的也是不叛汉朝的忠诚。第二个层次是不辱使命。在斥责卫律'反欲斗两主，观祸败'时，举了很多杀汉使节而被灭的国家的下场。可见苏武严守和平使命，不屈从匈奴。第三个层次是维护国家利益。表现在他两次自杀和持节牧羊。这三个层次是逐层深入的，苏武的爱国精神是具体多方面的。"庄顺怡的发言，获得了很多学生的认同。大家纷纷点头，脸上洋溢着思路被推进后的酣畅淋漓感。

三、再次陷入思考

我说:"我从庄顺怡同学的发言中,学到了要在细致入微的分析中,不断丰富爱国精神的内涵。由此也引发我的思考:作为使节,是不是都具备忠诚、不辱使命、维护国家利益这样的品质?为什么苏武能留下美名,而历史上的其他使节却没有留下美名呢?仅仅是因为苏武的经历太过于特殊吗?苏武个人,有没有特殊的品质?"学生陷入了思考中,仔细翻看文本。几分钟后,小组同学又开始小声探讨。

一位学生说,苏武是个有原则的人。马上有学生接着说,这个原则是出自维护汉廷与匈奴的和平关系。学生你一言、我一语地说着看似零散的话。快接近课堂尾声时,一位学生说:苏武正是因为本着维护汉廷与匈奴关系的原则,才有宁死不屈的气节和维护国家利益的爱国精神。

下课铃响了,学生的探讨意犹未尽。我下发作业单:

1. 巩固性作业:文章从哪些方面表现苏武的气节和精神?
2. 拓展性作业:你如何看待苏武的"忠"?

四、高三学习共同体课的魅力

这个班级从高一开始就在每一节语文课上实践学习共同体课。这是高三第一学期开学第二周的一堂语文课。高三的学习共同体课,给我带来了怎样的思考和启发?

第一,"伸展跳跃性问题"对高三同学更为重要。本堂课中,学生在小组内充分探讨,解决组内学生的基础性问题。在全班发表环节,学生充分互动,质疑修正、补充完善,不断将思路引向深处。老师要敢于设计并把"伸展跳跃性问题"抛给学生,尤其是经过长期学习共同体课磨炼的学生。整堂课学生的探讨基本上处于小声及平稳的语气,并没有出现"高谈阔论""生动活泼"的样态。问题对于学生来说是具有挑战性的,但是从整堂课思维的推进、学生最后呈现出来的状态看,学生在这堂课中的学习是深刻并有效的。学生在活学活用已有积累的基础上，在同学的帮助、老师的引导下共同解决问题。

第二，高三的课堂更要追求丰富每一个学生学习经验的效率。高三正是所有基础知识活学活用、挑战提升的阶段。但是，高三的班级多数采用疲劳战术，教师教得累、教得死；学生学得累、学得死。高三的教师，为了让学生取得好成绩，拼命赶教科书进度，挤出时间让学生做大量的练习。课堂上老师讲得越来越多，学生参与课堂越来越少，为功利勉强读书的状态到达顶峰。可是，如今的高考试题越来越考查学生的学科素养和综合能力，靠老师灌输取得理想分数的可能性正越来越小。追赶教学进度，老师心安的背后剥夺的是学生的学习体验。从"追赶教科书进度的效率"转向"丰富每一个学生学习经验的效率"，是每位老师，尤其是高三老师所要思考并投身实践的课题。

第三，高三学生更需要同伴之间"若无其事"的关心。大多数老师，到了高三，上课的音量会变大，手势会变多，话语频率会变高。高强度的应试训练下，学生的压力越来越大，学习困难的学生越来越多。老师越强势，学生背负的压力越大，学习成绩上升的空间越来越小。高三教师的意义，绝不是聚焦上完一堂堂课，而是真正面对每一位学生的"学习"。从这个角度上说，教师进行"高品质"的学习设计，帮助学生在小组协同学习中形成这样一种状态：不懂的学生可以问问旁边的同学，懂的学生"若无其事"地关心学习困难的学生。而老师在帮助、促进各小组之间的协同学习以外的事，可以少做或不做。老师看起来越是轻松，学生看起来越是忙碌；老师说的话越少，学生思考的量越大；老师的姿态越是柔软，学生获得的自信越多。

高三"协同学习"的课堂风景，让每一个孩子得到最好的关照和成长。

真实性学习的课堂

——以《水龙吟·登建康赏心亭》教学为例

用学习共同体的方式学习辛弃疾的《水龙吟·登建康赏心亭》，会给我们带来怎样的独特体验呢？我和学生充满期待。

一、课堂实录

我布置第一环节的学习任务：

1. 小组同学可以采用自己喜欢的方式，自由读、齐读这首词，查字典正音，释义。
2. 自主思考：这首词抒发了什么样的情感？
3. 小组交流阅读中的疑惑，共同学习，共同探讨。
4. 每个小组都做好记录。时间为10分钟。

话音刚落，学生就投入学习，教室里响起了朗读的声音。有的同学是自己读，自得其乐；有的是小组四人一起读，朗读声富有感情。声音都比较轻，显然他们是为了不影响其他组的同学。

我搬了个小板凳，坐到其中一组同学边上，观察他们学习。学生旁若无人，自如交流，他们已经习惯把我当成隐身人了。我竖着耳朵倾听，同学不断地提出疑问，组内同学试着解答交流，往往一个问题没解决，新的问题又出来了。

10分钟非常短暂，可是，受课堂时间所限，我必须打断他们。

我让学生当堂交流以下内容：

1. 关于本课的疑问。
2. 关于小组探讨疑问的过程。
3. 分享小组达成共识的部分。

我把要求提出来，和第一环节稍有不同，学生稍稍沉默了30秒的样子，孙泽凯缓缓站起来，提出自己的疑问："这首词提到了'休说鲈鱼堪脍，尽西风，季鹰归未？'，提到的是'思乡之情'，但是整首词读下来，感觉又是在写爱国之情。本词到底是写'思乡之情'，还是'爱国之情'呢？"

陆安诚马上说："这是抒发诗人'壮志难酬'的爱国之情，而'思乡之情'是反衬'爱国之情'的。"

同学们对于这个回答，似乎不过瘾，都陷入了沉思。

我说：大家还有什么问题吗？把"思乡"和"爱国"两个词留在黑板上，似乎不再理会它们。

杨辰子提问："'倩何人唤取，红巾翠袖，揾英雄泪！'这里的'倩'字是什么意思？"一边说，一边拿出手中的《古汉语词典》，告诉同学，"倩"字有五种解释，只是不知道该选哪一种解释。

同学们纷纷选了字典上第五种解释："请别人为自己做某事"。我表示认同。

杨辰子提醒同学，如果选第五种解释，这个词不能读"倩"，而是读"庆"（音同字）。

这首词，我会背诵已经有30多年了，可是我一直读错到今天，在这堂课上，我的学生教了我这个字的读音。我马上向杨辰子表示感谢，说："我从你身上学到了知识。"杨辰子微笑地坐下，同学们也用微笑表示感谢。正是她们小组的疑问，让我们大家有了共同学习的机会。

一位同学马上站起来，问："这个句子怎么翻译呢？"

我说："有没有同学可以帮忙？"大家沉默。看来这是个难题，于是说：

"小组讨论3分钟吧。"话音刚落,讨论的声音响起。

3分钟时间到。孙泽凯起来分享:"请谁帮我去叫一个披着红色披风,带着绿色盔甲的战士,来擦干我的眼泪呢?"

我马上肯定他,"红巾翠袖"用了"借代"的手法。同时也提出疑问:是指代"将士"吗?同学们纷纷议论。有学生说是"女子"。我追问"为什么"?他说,女子"穿红着绿"很漂亮。有些同学不怀好意地笑,有学生说是"将士",有学生说就是"女子"。到底是哪一个呢?我让学生再次探讨。

一学生起来说,应该是女子。因为词人心怀报国之志,但是壮志难酬,他心里难免伤心,这个时候再让一个驰骋沙场的将士给他擦眼泪,岂不让他更加难过?女子就不一样了,英雄落魄之时,女子安慰,兴许能让英雄好过些。同学点头纷纷表示赞同。

我说,你能结合辛弃疾这个人来分析,很好。能否给我们介绍一下你所了解的作者和当时的创作背景?学生纷纷拿出了放在桌上的预习本,在大家的补充下,呈现了下面这些重要信息:

1. 辛弃疾,南宋爱国词人。字幼安,号稼轩。

2. 出生时,中原已被金兵所占。他一生坚决主张抗金,可是他的建议未被采纳,长期闲置。

3. 这首词写于辛弃疾担任建康通判任上,当时词人南归已经八九年了。

4. 辛弃疾在当时曾经写了《美芹十论》上奏皇帝,但奉行投降主义路线的南宋朝廷以"讲和方定,议不行"为由不予理睬,辛弃疾被闲置,不等一遂报国之愿。

我问学生,还记得学过的辛弃疾的诗词吗?同学们不约而同地说:"醉里挑灯看剑⋯⋯"于是,我和他们一起背诵这首词。

我问:《水龙吟》和《破阵子》抒发的情感一样吗?都是壮志难酬的愁情吗?"学生说:"这首词的情感更丰富、更复杂,只是有种感觉,现在还说不清、道不明。"我说:"没关系啊,我们再看看有什么疑问。"

一学生说:"这首词用了很多的典故。看不懂啊。不知道怎么翻译。"

一学生告诉他："不会直译的话，可以意译嘛。"

刚才那个学生说："'求田问舍'这句，你帮我翻翻看？"

学生说："国难当头，朝廷主和派像许汜一样，只顾自己买房，而这样的人，是应该羞于见到辛弃疾的。"

其他的学生马上摇头，说："对象搞错了啊。"那么到底是什么呢？我提醒学生借助书下注释，先来理解典故的出处和本意，然后再来理解典故在词中的意思，典故的作用。

同样的方法，我们谈论了"休说鲈鱼堪脍"和"可惜流年"两句。学生把每一句的意思都理解了，终于，把意思串联起来了。一学生说："不要说家乡的鲈鱼肥了，我是不会学张翰回家乡去的。我也不会学求田问舍的许汜，我一心都想为国效力，驰骋杀敌啊！可惜年光如流，国家处于风雨飘摇之中，树都长那么高了，可是我，却是一事无成啊！叫谁去请穿红着绿的女子，替我擦干眼泪呢？"

学生的语言很朴实，但是满怀愁情，有的学生还配合着做动作，看来他们已经进入角色了。

一学生说："老师，这首词是写他无法实现抱负的壮志难酬、抑郁苦闷的心情。所以，说爱国之情太过于笼统简单，说思乡就是偏离本意了。"学生纷纷点头，我微笑着擦去了黑板上的"思乡之情"这几个字。

又有同学提问："'把吴钩看了，栏杆拍遍，无人会，登临意'这句话怎么理解？"

夏佳怡说："吴钩本是沙场上杀敌的锐利武器，但现在却闲置身旁，无用武之地。他内心的苦痛悲愤，哪怕把栏杆拍遍，都是无法比拟表达的，我看过梁衡写的散文《把栏杆拍遍》提到辛弃疾的这种报国之志，在朝廷中是无人理解的。"同学们对这个回答表示满意。有人在下面轻声朗诵"醉里挑灯看剑"，这个"吴钩"就是那把醉里挑灯看的剑啊！辛弃疾一直在看啊！

一学生问："这个'了'字怎么解释？"学生七嘴八舌地说。一学生快速查字典，站起来说："字典上正好有这个例句，'了'用在这个句子里，是一个助词，用在动词后面，表示动作的完结。"同学们纷纷记录，我再次感谢同学，又让我积累了一个虚词。

一学生问："'遥岑远目，献愁供恨，玉簪螺髻'怎么翻译？好像很难理解。"不少学生也表示困惑，我当即宣布，小组探讨5分钟，提出一个挑战性学习要求，借着这句话，能否把上片的意思串联起来？

以下是学生共同学习探讨的发现：

1."楚"：泛指长江中下游一带。说明这首词写的是江南的秋天。原因如下：

（1）南方常年多雨多雾，只有秋天才秋高气爽，才能看到长江无穷无尽地向天边流去，才能引出下面的极目远眺的内容。

（2）这首词的开头和柳永的《八声甘州》有异同处。相同点，都是清秋，都是登楼远眺长江美景。不同的是，《八声甘州》写的是"暮秋傍晚秋江雨景图"，这个"清秋"是雨冲刷出来的，写出了雨后天空的清朗。而《水龙吟》是写"江南秋天登楼眺望图"，这个"清秋"是江南秋天的特点所在。

2."岑"：小而高的山。"遥岑远目"就是眺望远山。

3. 突破这个句子的关键点在于找到后面两句省掉的主语。经过讨论，学生达成共识，主语为"山"。

4."玉簪螺髻"这个句子直接翻译很难懂，结合刚才"红巾翠袖"的学习经历，大家探讨出这里用了"比喻"的修辞手法。

讨论到这里，学生很激动，顾不上串联这几个句子。有同学迫不及待地问：剩下的最后一句，这个"落日"有没有特殊含义？这个"江南游子"有没有特殊含义？学生探讨如下：

1."落日"：可以比作国势衰微的南宋王朝。

2."断鸿"：失群的孤雁，比喻自己飘零的身世和孤寂的心境。

3."江南游子"：不仅仅指远离家乡的游子，还指失去国土家园无法实现收复中原抱负的自己。

我们一起把上片串联起来了：

江南的秋天天高气爽，我极目远眺，看见长江水无穷无尽地向天边流去。我放眼望去，那一层层、一沓沓的远山，有的像美人头上插戴的玉簪，有的像美人头上的发髻，可是，它们都引发我的忧愁和愤恨啊。我看到太阳西沉，孤雁哀鸣声声，我想到自己一心为国家，可是没有人能采纳我的建议，真是成了远离国土的游子了。就算我把兵器看遍，把栏杆拍遍，这个朝廷上下，也没有人能理解我的悲愤抑郁苦闷之情啊！

我让学生富有感情地读这首词。学生纷纷感叹，这首词比《破阵子》更有意蕴，抒发了作者收复祖国山河的抱负和壮志难酬的抑郁悲愤苦闷的心情。

二、我的反思

如果说之前学生知道辛弃疾是个壮志难酬的爱国词人，可能更多地停留在概念化的程度上，那么，今天这堂课，学生通过自己提出疑问、讨论、辨别、澄清、分享、交流、补充、整理、归纳……他们的表情告诉我，原来诗人真的是壮志难酬！真的是抑郁悲愤！

这首词往往不太受学生喜欢，因为典故太多，读起来障碍太多。再说，爱国的情感虽然普遍，但是学生很难设身处地地去感同身受。但正是这首词障碍点多，才体现出了学习共同体的力量及学生协同学习的价值和意义所在。每一个新的发现，也许只是很小很细微的一个点，都是他们思考所得，这背后都有着严密的思维过程。

学生在课堂上真正能接受的知识，就是他们能想明白、想清楚的知识。如果学生想不明白、想不清楚，再好的知识也灌不进去。老师不用急，慢慢地，等学生到了那个点，自然能贯通。当然，这需要让每一位学生都能发生真实而深度的学习。

通过彼此倾听走向深度学习

——《活了一百万次的猫》的课堂观察与启示

学生的深度学习如何在语文课堂上发生？学生能否通过彼此倾听走向深度学习？在对江苏省姜堰区康华二小郭建珍老师借班开展的《活了一百万次的猫》绘本教学进行课堂观察时，通过观察学生的学习历程及分析关键事件，研究学生通过相互倾听走向深度学习的过程，我从中得到一些启示。

一、关于倾听：对焦点学生学习历程的观察

我观察的焦点学生是同桌二人。一位是文静乖巧的女孩，名叫诗菲（化名）。一位是害羞腼腆的男孩，名叫博文（化名）。建珍老师课前让同桌交流分享学习方法，他俩双臂重叠放在课桌上，身体坐得笔直。建珍老师提醒："立刻找到你的同伴。"诗菲把头转向同桌，博文却往后一仰，四处张望，看到别的同桌都凑在一起，才把头转向诗菲，快速地看了她一眼，又低下头。建珍老师说："如果两个人都没有想全，怎么办呢？"诗菲小声说："四个人。"建珍老师示意 U 字型前排的同学转过来。四人小组成立了。

表 3-1 学生座位表（学生姓名为化名）

嘉琪（男）	志伟（男）
博文（男）	诗菲（女）

（一）第一次四人交流，小组成员观点很快达成一致

建珍老师捕捉了学生分享交流阅读文本感受时提出来的两个问题：为什么虎斑猫要去追白猫？为什么虎斑猫最后死了？建珍老师先让学生探讨第一个问题，要求细读文本、独立思考，与同伴交流。

诗菲细读文本，并没有在文本上留下痕迹。这时，建珍老师提醒："一边读文本，一边圈画关键词，把思考写在学习单上。"诗菲依次画了三句："不管是哪一只母猫，都想成为他的新娘。""只有一只猫，连看也不看他一眼。""那是一只美丽的白猫。"她思考了一下，在学习单上端端正正地写上"因为那只美丽的白猫"这九个字后，写不下去了。

这时，嘉琪和志伟转过身。嘉琪问："你们好了吗？"博文说："好了。"随即对同伴笑了笑，说："虎斑猫以为自己死过一百万次，觉得自己很了不起，但是白猫没觉得他怎么样，虎斑猫就觉得白猫很不一样。"志伟说："我觉得虎斑猫就喜欢不同的东西。因为其他的猫都向他献殷勤，但是，白猫却没有，所以我觉得虎斑猫喜欢她。"嘉琪说："虎斑猫死了一百万次，活了一百万次，他觉得自己独一无二。许多母猫都向他献殷勤，而白猫不对他献殷勤，他觉得白猫最特别，所以喜欢她。"这时，诗菲开心地说："咱们思考得差不多。"一边说一边在学习单上写了"非常特别"四个字。至此，她的第一个问题的答案出来了："因为那只美丽的白猫非常特别。"她非常满意，把双臂叠放在桌前，坐直身体，又回到上课时认真听讲的姿势。

建珍老师说："注意。我们等会儿交流，要找组内没有发过言的同学。"嘉琪看了看诗菲。诗菲显然明白了他的意思，说："白猫特别。"她看了看同学，继续说："虎斑猫活了一百万次，然后就觉得自己比别的猫要好、要强。意思就是说，我怎么死，都会活下来，再次复活。每一只母猫都特别想做他的新娘，都崇拜他。但是，只有白猫觉得……"志伟突然插话说："和我们差不多嘛。"嘉琪说："对，没有什么不同。"诗菲好像没有听到他俩的话，继续说："虎斑猫就觉得白猫特别，就喜欢她。"博文开心地说："我们四个人的想法是一样的。"

（二）第一次公共发表，相互倾听，不同观点的碰撞

建珍老师在学生公共发表前，提醒学生："注意听，说不定在倾听的过程中，会产生新的想法。"有学生说，所有人都对虎斑猫好，虎斑猫对爱已经麻木了，白猫没有像其他猫一样，反而让虎斑猫有好感；有学生说，正因为白猫对虎斑猫冷漠，才让虎斑猫去追白猫；有学生说，虎斑猫是一只死了一百万次的猫，早已经看穿献殷勤的母猫对他不是真心真意，选择白猫，是因为他们在一起感受到了幸福；还有学生说，虎斑猫知道其他母猫表面上对他百依百顺，实际并不喜欢他，只有白猫见了虎斑猫后很自然，才是真爱。这时，志伟代表小组发言："我觉得因为那些母猫都是在奉承，对虎斑猫的爱也不是真爱，白猫才是虎斑猫的真爱。母猫处处对他阿谀奉承，而白猫却表现得很自然，虎斑猫就被白猫的与众不同吸引。"志伟发言时，博文转向正在认真倾听的诗菲，他俩相视而笑。

建珍老师追问："真爱到底是什么呢？"有学生说真爱是真心爱一个人；有学生说真爱是不带任何目的。博文开始频频举手发言，但是话筒传到他们组时，总是被前排的嘉琪或者志伟拿起，他眼睁睁地看着话筒在他面前传过。一位学生提出："真爱是发自内心、发自肺腑地喜欢一个人，而不是看重他的外在，比如说权力、地位或者是外貌之类。"博文重重地点了点头，似乎说出了他的心里话。

正当学生词穷时，建珍老师问："对真爱还有没有其他理解？何以证明虎斑猫真爱白猫？"一位学生说："真爱是爱一个人胜过爱自己。"建珍老师问："从哪里发现的？"学生说是在文本中。诗菲马上低头看文本，把"他喜欢白猫和小猫们，胜过喜欢自己"这句话画出来，并在旁边写下了一句话："爱白猫胜过爱自己。"建珍老师紧接着让学生思考回答第二个问题："这只活了一百万次的猫为什么就死了，再也没有活过来？"学生似乎立刻有了答案，纷纷举手。建珍老师让学生不要急，再想一想，尽量往深处想。

（三）第二次四人交流，伙伴间的意见有了分歧

学生在探讨中出现分歧：有的学生认为主人爱白猫，有的学生认为主人并不是真正爱虎斑猫。建珍老师让学生就"主人对虎斑猫是不是真爱"这个问题进行深入探讨。

诗菲看了看博文的画线句，问："你觉得是真爱？"博文说："是爱。"诗菲说："我也觉得是爱。"两人很快就达成共识。看到边上的同学还在热烈讨论，博文就拉前面两位同学，四人一起交流。博文说："我们认为是爱。国王正在打仗的时候，猫死了，国王就不打仗了。"诗菲接着说："国王抱着猫哭了起来。"诗菲指着文本上的"赶紧"说："水手很爱猫。"博文说："魔术师失手，大哭起来。为什么要大哭起来，爱虎斑猫……"嘉琪不等博文说完，说："我觉得有爱，也有被利用。猫没有给国王利益，但是猫给了马戏团、魔术师、小偷、孤独的老太太利益。"志伟说："我觉得有的是爱，有的是不爱。小偷是利用猫，才偷到了钻石；老太太是利用猫来陪伴自己，所以猫死了老太太会伤心。猫死了，国王连仗也不打了，说明是真心爱猫。"嘉琪点点头，说："有的是真心爱，比如国王。有的是为了利益，而不是爱，比如魔术师。"四人小组也出现了分歧。

（四）第二次公共发表，相互倾听，不同观点碰撞

轮到本小组发言，嘉琪拿起话筒想说。建珍老师建议把机会让给组内发言少的同学。博文想拿话筒，可是嘉琪没看到，把话筒传给了志伟。志伟发言后，转头把话筒传给后面的博文，博文拿着话筒犹豫了一下，不舍地把话筒传给下一组同学。几组学生交流完后，建珍老师让嘉琪发言。嘉琪表达"有的主人对虎斑猫是真爱，有的主人对虎斑猫不是真爱"的观点，并用文本中的句子来佐证自己的观点。这时，博文好像有新的发现，一直伸手想拿话筒，但老师没有看到。建珍老师说："我们看到主人们都爱自己的猫，但为什么这只虎斑猫却讨厌自己的主人？"一位学生说："主人们从来没有为虎斑猫着想过。"建珍老师顺势引导学生关注文本中的"宠爱"一词。引发学生思考：如果主人们真爱这只猫，他们应该怎么做？

（五）第三次同伴交流，相互补充，达成共识

建珍老师让学生又回到之前提过的问题："什么是真爱？怎样让别人感受到你的真爱？"又有学生快速举手。建珍老师建议学生不急着回答，静静地想一想，然后把想法和同桌说一说。诗菲对着博文说："真爱就是主人让自己喜欢的猫做自己喜欢做的事情。不要强迫他去做任何事情，要时刻考虑他的感受。"博文说："真爱是主人要跟着猫。猫想做什么，主人就让他做什么，不能强迫他。"博文说完后，笑着看诗菲，诗菲也冲着他笑。博文用力地点点头，感觉对自己的答案很满意。

（六）第三次公共分享，深入挖掘，意蕴丰富

建珍老师再次让学生公共分享自己关于什么是真爱的看法。发言从博文边上的小组同学开始："真爱是时时刻刻为他着想，而不是伤害他之后才后悔。"陆续有其他小组的学生发表看法：真爱是不管生活中有怎样的压力，都会一直陪伴在你爱的人身边，不惜一切代价；真爱是能读懂对方的内心，处处为对方着想，而不是强迫对方去做自己喜欢的事。建珍老师让学生看板书，小结学生对于真爱的理解："尽管主人们也哭了，但主人们对虎斑猫的爱是宠爱，或者说这种宠爱没有赢得虎斑猫的真心。我们发现，如果主人真爱猫，就要为猫着想，给猫……"博文也许苦于一直没有发言机会，就坐在位置上大声地接着老师的话说："自由、尊重、陪伴。"建珍老师微笑点头，继续说："就是让猫……"博文、诗菲和其他同学一起接着说："做自己！"博文轻声地对诗菲说："猫不是玩具，不是宠物。"诗菲点点头，他们又一次笑了。

建珍老师问："为什么这只猫死了，再也没有活过来？"学生纷纷举手。建珍老师让没有发过言的同学回答。有学生说这只猫找到了自己的真爱；有学生说因为他得到了自由，得到了别人对他的尊重，找到了能陪伴自己的人，所以死了。建珍老师动情地说："当真爱死了，虎斑猫觉得怎样？"博文又接过老师的话说："世界都没有了，崩溃了。"话语中充满着难过的神情。嘉琪说了一番深情的话："如果真爱的人死了，它的心就死了；如果它

最爱的人死了,它觉得自己活着也没有意思了。它之前的一百万次轮回,估计是它对自己上一辈子的死不甘心,没有找到让他值得去死的东西。"博文用力点头,脸上的表情更加凝重。这时,建珍老师说:"后面一个女孩子,你一直没有发言,你来说。"诗菲站起身,带着哭泣的声音说:"我觉得,如果没有爱,活着,就没有意义了……"

(七)第四次同伴交流,深入文本,直指核心

建珍老师被学生的发言感动了,哽咽着说:"活了一百万次的虎斑猫死了,他活着没有意义了。能否把前面的一百万次死去掉?作者到底要表达什么?"建珍老师让同伴轻声交流。诗菲说:"表达虎斑猫对白猫的真爱。"博文说:"找到真爱的不易。"博文接着说:"用前面的一百万次的死来突出找到真爱的不易。"诗菲说:"这是真实生活的写照。"他们再次看了看对方,博文坚定地说:"就是这样了。"这时,建珍老师要求用一句话公共发表,博文满怀期待地看着老师。建珍老师说:"轮流说。"他一听这三个字,猛地把上半身靠在桌子上,随即又坐好,似乎在表示:"话筒离我那么远,我又没有机会了。"

(八)第四次全班公共分享,彼此倾听,相互提升

学生按组轮流公共分享。有学生说真爱的来之不易;有学生说真爱的重要性。这时话筒又传到我观察的小组了,嘉琪又一次接住了话筒,说:"真爱与宠爱的对比和意义。"博文又一次眼睁睁地看着话筒在他面前传过。接着,有学生说珍惜千载难逢的真爱机会;有学生说对比突出真爱的不易。这时,一位学生说:"大部分人的真实生活的写照。"观课老师发出了赞叹声。博文对诗菲笑了一下,表达对诗菲的赞许。因为诗菲在刚才同伴交流中,也提到了这层意思。有学生一字一句地说:"请不要宠爱,要真爱!"博文神情严肃,轻声与诗菲耳语:"真爱是幸福的。"他们又相视一笑。我从那笑中,读出了三层含义:一是对文本解读深入的欣慰;二是对双方能相互交流的默契感到高兴;三是同伴间共同学习提升的快乐。

二、关于深度学习：从关键事件分析中所得到的启示

（一）深度学习发生的基础

诗菲和博文前半堂课一直保持着端正的坐姿，眼睛看着老师，认真听老师讲课，一看就是老师喜欢的听话孩子。可是，听话的孩子有可能是被优异的学业成绩掩盖着的浅表学习的学生。这些学生的共同特点是：学生为完成老师的提问而被动思考，认真记录老师的讲解，对所学的内容缺少深度思维加工。他们在现行考核下，依然能依靠记忆和反复操练取得好成绩。但在好成绩的蒙蔽下，可能会产生不太愿意主动思考问题，更多地依赖老师讲解学习的状态。我观察的诗菲和博文有上述特质。他们在课前老师布置的合作交流练习中，并没有和同伴合作，在别人探讨的时候，他们之间没有说一句话。在探讨第一个问题时，诗菲独立思考所得的答案不完整，显然是想等着老师讲解后补充。在和组员的交流中，很快就认为"咱们思考得差不多"，快速达成共识。在第二次同伴交流中，诗菲和博文都认为主人们是真爱虎斑猫的，他们从文本中找到了一些句子加以佐证，却没有深入思考句子背后的内涵。

"深度学习是基于学习者自发的、自主性的内在学习动机，并依靠对问题本身探究的内在兴趣维持的，一种长期的、全身心投入的持久学习力。"[①] 在同伴相互探讨中，彼此倾听的学习者能够形成持续深入探索的状态。在与他人有效的协作中自我反思，共同克服困难，解决问题，最终对自己的学习充满信心。在解答第一个问题时，诗菲在不断倾听同学发言后，最终得出虎斑猫追白猫有两个原因：一是美丽的白猫很独特，二是虎斑猫对白猫是真爱。在探讨"主人对白猫是不是真爱"这个具有认知冲突的问题时，及时修正观点，认为不是所有的主人都爱猫，有些主人是利用猫。在公共发表阶段，随着问题探讨的深入，他们在仔细倾听、认真记录和思考的基础上，对

---

① 陈静静. 如何通过彼此倾听深化儿童对文本的理解——《月光曲》一课的课堂观察笔记 [J]. 教育研究与评论（课堂观察），2019（2）.

文本的理解逐渐走向深入。当老师提出关注"宠爱"时，诗菲和博文达成"主人对虎斑猫是宠爱，不是真爱"的共识。在学习过程中，诗菲和博文全身心投入问题解决活动，在彼此倾听中深化思维，不断进行自我反思和自我修正，最终形成自己对问题深入的看法。

彼此倾听交流能使学生进入主动学习的状态。从一开始的不好意思与同伴协同学习到主动去找前面同学交流；从一开始的不积极举手到后面多次要发言而不得，最后出声响亮接住老师要说的话；从一开始对文本的陌生疏离到触摸到文本核心价值之后的欣喜感动……博文从被动听老师讲转变为积极主动思考、热情分享。诗菲在外表上一直给人宁静、波澜不惊的感觉，虽然整堂课只有一次公共发言，但她一直积极参与小组探讨，在全班公共发表时认真倾听、认真记录。唯一的发言呈现出她走进文本深度学习领域的状态，她的话语打动了同学，赢得了博文的赞许。由此，我发现彼此的倾听交流能使文本走向深度理解，"会倾听"是学生完成从浅表学习到深度学习逆袭的基础。

（二）深度学习发生的要素

建珍老师并没有直接让学生解决学习单上事先设计好的问题，而是先让学生分享阅读文本后的感受。学生在充分交流后，老师敏锐地捕捉到学生提出的两个问题，而这两个问题和学习单上设计的问题一致。这不是巧合，是源于高品质的学习设计。这里的高品质有两点内涵：一是体现出教师对于语文学科核心素养、文本核心价值的准确把握；二是体现出教师对于学情的把握。对于借班上课的建珍老师来说，学情把握更多地表现为这个年龄段孩子关于"爱"的主题的认识。建珍老师收放自如，让学生在交流中自然形成问题，让深度学习的发生成为可能。但是，即使有了问题，如果学生不对文本进行深入探讨，停留于表层认知，即使很快达成共识，深度学习也是不可能发生的，就如同诗菲和博文之前的探讨，只停留在浅表学习的层面。建珍老师让学生充分地交流，直至学生现场生成认知冲突——有人认为主人们是真爱虎斑猫，有人认为主人们是不爱虎斑猫。"这种不能解决、不能突破、不能澄清的状态就是所谓的'认知冲突',这是一种强烈的心理矛盾状态,并引发探究冲动,不断寻求解决方案。"[1]在寻求解决方案的过程中,学生一般会经历探索冲突、理解验证、分析试错、修正错误、引发新思等阶段。学生对于学习,会进入全身心、高度投入的情感状态,他们会忘记时间、忘记下课,进入一种不知疲倦的忘我探究状态。值得注意的是,如果学习仅停留在孤独探索层面,一部分学生会因为认知冲突而焦虑不安,陷入困境而直接放弃。因此,这需要同伴之间的协同互助,在相互倾听中不断克服认知困境,共同寻求解决方案。这也是建珍老师在课上安排小组交流、同伴交流、公共发表的目的所在。从这堂课上,我发现深度学习的发生虽然如此困难,但还是有三个要素可循,那就是——学生的认知冲突,情感上的高度投入,同伴间的协同学习。

(三)深度学习发生的条件

诗菲和博文在一开始上课时,精神是高度集中的,呈现出来的状态是紧张拘谨的。他们带着认真听老师讲解、认真记笔记的目的而来,面对建珍老师给的大量同伴探讨时间,两人一开始是不适应的。随着课堂交流、探讨的深入,我发现他们的肢体放松了,投入到与同伴协同学习、倾听学生发言、积极主动完善自己的认知结构、发展自己的关键能力和投入复杂情感体验的过程中,他们在课堂上呈现出主动探究学习的状态,得益于建珍老师营造了相互倾听的课堂氛围,学生的内心是安全和温暖的。建珍老师是如何做到的呢?

首先,建珍老师充分利用学生的好奇心和敏锐力。一开场就问:"今天有什么不一样?"学生很容易发现座位变化和老师站位的变化。其次,建珍老师通过反常规的做法吸引学生的注意力。面对学生习惯于齐声回答,建珍老师说"我不知道听谁的了";面对学生回答"老师是来上课的",建珍老师说"我是来向你们学习的";面对高举的双手,建珍老师说"不急,再想

---

[1] 陈静静,谈杨.课堂的困境与变革:从浅表学习到深度学习[J].教育发展研究,2018(Z2).

一想，往深入想"；面对频繁发言的学生，建珍老师委婉地提出把机会让给他人；面对特别紧张拘谨的孩子，建珍老师若无其事地给予发言的优先权；面对回答出错的学生，建珍老师耐心地倾听，忽略学生在学习历程中出现的错误，给予学生自我反思修正或同伴互助修正的机会；面对学生习惯于独立解决问题的做法，建珍老师建议通过同桌交流、四人交流、全班交流，让学生明白合作学习的重要性。最后，建珍老师是一个很好的倾听示范者。她收起老师严肃的表情、高高在上的神情、高高的音量、追问学生的语气，蹲下身、面带微笑、点头示意，不急于接过学生的话题，充分倾听学生的观点，找出学生发言中独特有价值的部分进行串联。在短时间内构建师生、生生间的信任与关怀，需要教师良好的专业素养和课堂设计的专业能力。营造相互倾听的课堂氛围，正是课堂上真实学习乃至深度学习发生的必要条件。

（四）教师促进学生深度学习的系统设计能力

有研究者发现："学生课堂深度学习的实现与教师对教学的精心设计与组织实施密切相关。"[①]通过对学生完整学习历程的收集，对关键事件的分析，我捕捉到的教师促进学生深度学习的系统设计如下：

1. 学习环境的设计

本堂课建珍老师变传统的秧田式座位为U字型座位设计。同桌之间转头，就可以两人探讨。U字型前排学生转过头来，就可以组成四人小组探讨。这样的环境设计，从学生把老师作为对话中心，转向生生之间、师生之间的平等对话，某种程度上缓解了小学生争着要得到老师的关注，争着举手发言的状态。不善于举手的诗菲同学，始终有同伴的倾听和关注；想发言但是少有机会的博文同学，也能从同伴身上得到分享交流的满足感。同时，U字型座位设计，让学生面对学生，可以获得内心的安全和温暖感。

2. 学习方式的设计

佐藤学认为"学习的实践是'创造世界''探索自我'和'结交伙伴'

---

① 杨清.课堂深度学习：内涵、过程和策略[J].当代教育科学，2018（9）.

相互媒介的三位一体的实践"[1]。独立思考力和相互倾听力的合力就是学生的学习力。本堂课上，建珍老师并没有让学生直接回答问题，而是先细读文本，在学习单上写下思考的结果，然后再和小组同伴交流，再倾听全班同学的公共发表，在这个过程中，随着观点的碰撞，自己观点的修正完善，学生对文本的解读能力也越来越深。

3. 学习任务的设计

深度学习需要高品质的学习设计，而高品质学习设计的核心是冲刺挑战性问题的设计。建珍老师基于语文学科核心素养、文本的核心价值，学生的学习需求，事先设计好了冲刺挑战性问题。同时，善于利用课堂上生成的认知冲突问题，让学生阐述不同的观点，并到文本中找到佐证。学生在交流中，理解了文字背后蕴含的深意。同时，建珍老师在倾听学生独特观点的基础上串联，通过现场生成提问让学生巧妙地反刍文本，比如，"我们看到主人们都爱自己的猫，但为什么这只虎斑猫却讨厌自己的主人？"一问，让学生关注文本中的"宠爱"，在比较中深入理解"真爱"的深刻内涵。

4. 学习机会的设计

为体现学习机会的均等，保障每一位学生高品质的学习，建珍老师采用话筒轮流传递、小组派不同代表来发言的规则。但是，课上还是出现了U字型内圈的学生发言多，U字型外圈和底端的学生发言少的状况。建珍老师反复提醒，让组内没有发过言的学生优先发言，让U字型底端的学生优先发言。面对一直没有发言的诗菲，建珍老师把课堂发言的最后机会让给了她，让一直倾听的学生在公共发表中体会到分享的快乐，收获学习的自信。

5. 学习时间的设计

本堂课多次出现老师一提问，学生高高举手，或者同声回答的局面。建珍老师面对学生高举的双手，要求学生"不急着回答，再想一想""同伴交流一下再发言"，给学生充分思考和学习的时间。面对学生齐声回答，建珍老师说："人太多，我不知道听谁的了。"建珍老师鼓励学生独特的表达，因

---

[1] [日]佐藤学.学习的快乐——走向对话[M].钟启泉,译.北京：教育科学出版社,2004：40.

为深度学习是在差异中发生的。建珍老师在学生出现认知冲突的时候，舍得花时间让学生探讨——因为学生从模棱两可的状态中挣脱出来，就是最好的深度学习。正如建珍老师在课后反思中说："我可以直接把我对文本的理解灌输给孩子。但是学生记录我的理解，是为了记忆背诵应付考试吗？给学生充分的学习时间，让学生体验深度学习的过程，找寻属于自己的答案，这才是最有意义的。"

第四章

最美的姿态是倾听

自我蜕变

"每一个人的尊严得到维护,意见的冲突和论争也得到尊重。我们即便彼此伤了和气,也能通过开诚布公地交流和批评自己的工作与学习的活动,在学校和课堂里构筑起相互学习的关系。在学校内部构筑文化与教育公共圈的学校,我称之为'学习共同体'。作为'学习共同体'的学校,不仅是儿童相互学习的场所,也是教师相互学习的场所,家长和市民相互学习的场所。"①

2017年,是我职业生涯的转折点。从教23年,担任班主任22年的我,真正实现了理想中师生相互学习、彼此关照、共同成长的状态。身在相互倾听的"学习共同体"中的每个人,都是自立的、活动的、合作的学习者,在尊重彼此差异的前提下,分享自己的见解,吸纳他人的观点。课堂中的每一分每一秒,都被赋予了新的意义,变得弥足珍贵。

一、面对教育困境的态度:普通教师和优秀教师的分水岭

有谁会想到,一年前的我,独自承受着教师生涯最灰暗的日夜。2016年9月,我代表学校所在区县参加上海市中青年教师课堂大赛。回想15年前,在老家浙江取得"市首届高中语文优质课"比赛一等奖后,再也无缘参加各类教学比赛。我深知比赛重在参与的过程,结果并不是很重要,可是,我已年岁不小,高平台、高期待,且以市示范性学校教研组组长身份参加大赛,

---

① [日]佐藤学.学习的快乐——走向对话[M].钟启泉,译.北京:教育科学出版社,2004:340.

自己希望能取得满意的成绩。我暗暗使上了劲，看学科专业书，学习最新的教育理念，查阅资料，一遍一遍地和文本对话，在凸显文本核心价值的基础上设计主问题，充分关注学生的学习经历，设计有逻辑关系的子问题，给学生做"脚手架"，以利于共同解决问题。在专家的引领下，不断修改教案，仔细斟酌每一句话语……第一次试讲自我感觉不错，带着任务学习，感觉自己在短时间内提升很大。如果就此打住，也许我还真能如愿以偿，既能学习提升又能收获硕果。可是，就在这个节骨眼上，我的心态出了问题。

奔着大奖而去，我一次又一次试讲，认真听取专家同仁的建议后，一次又一次调整方案。比赛前一天，我的思绪混乱了。专家同仁们点评的话语从脑海中四处响起，细细思忖，发现这个专家讲得很对，那个专家说得也很有道理；这位老师提的想法很好，那位老师提的建议也很有道理。我给自己下了一个最愚蠢的命令：利用最后一刻，拿出最完美的教学设计。就这样，我抛弃了课堂的主体——学生，重新设计了一份自认为迎合评委专家喜好的教案。结果不难预料，在比赛现场，气氛沉闷至极，用评委的话来说："你说的和学生说的都不在一个点上……"

那段时间，我脑海里浮现的都是课堂上学生呆滞的眼神。我自感拥有坚韧的意志力，良好的心理调节能力，但似乎过不了那个坎。我清醒地意识到，如果任由自己沉沦下去，迎接我的将是万丈深渊；如果我能直面困境，迎接我的将是教学生涯的飞跃。我有了辞去教研组组长一职的念头，校长静静地听我说完，然后和我分享了他经历过的"教育困境"，说："一堂课不代表什么。从哪里跌倒就从哪里爬起来。你可以在最短的时间里再开一堂课，找回自己的感觉。"于是，我采用自主学习、自发实践的"学习共同体"模式，重新上了这堂课，找回了课堂中自信真实的我。

这个事件，引发了我对"好教师"的思考。上课没有"问题"的教师就是"好教师"吗？没有经历过"教育困境"的教师就是好教师吗？美国家庭治疗师萨提亚曾经说过："问题不是问题，如何面对问题才是问题。"一位"好教师"，应当是在自己的课堂中，不断直面问题，致力于为解决问题进行种种尝试，而不是在遇到问题和面临困境的时候，抱怨命运的不公，推卸责任，抑或采取视而不见、绕道而行的消极态度。工作20多年的我，在一次惨痛的课堂失败面前，收获了之前教学大赛一等奖所无法给予的财富——我在虚假功利的教学中，静下心来思考：我的教育理想是什么？怎样的课是一堂好课？课堂的核心是什么……

二、研究实践"学习共同体"：发出自己的声音

一名"好教师"首先是一名专业的学习者，其次是一名确信理论下的实践者。如果一名教师不学习，凭什么来引领学生的学习？我的父亲郑可治，一位谦逊的学者，培养了我"直面困境，与书本对话"的好习惯。我翻看《萨提亚冥想》一书，倾听自己内在的声音，努力与外界联结，以求获得内在的平和和外在世界的和谐。仔细研读佐藤学教授的系列书籍，经历了失败的我才发现，这位深入课堂第一线的研究者，改革之路并不平坦。自称"世界上在教育改革中失败最多的人"的佐藤学教授，之所以坚持下来，就是因为秉承心中的梦想："希望世界没有暴力、没有贫困、没有不平等，孩子可以自由地成长。"20多年教龄的我突然意识到：之所以在面临挑战时不能坚定自我，就在于没有课堂的愿景。理想的课堂将是怎么样的风景？我不清楚；我将带学生走向何方？我不清楚。回顾这20多年，我所谓的"成功"是建立在学生优异的成绩上的。为了让学生获得高分，我掌控了课堂，不断地将自己对文本的解读灌输给学生，热衷于讲解应试技巧、解题思路。我只是一名心中有梦想却不知道如何实现的教书匠。

2016年10月，我只身一人，自费前往北京师范大学参加"第四届学习共同体国际会议"，走近佐藤学教授，共享改革愿景。我在讲座中捕捉到了"学习共同体"成员通过协同学习提高学习质量的三个关键点：倾听的艺术、真正的学习、挑战性的学习。要让真实的学习在语文课上发生，要让学生在课上认真倾听，思维碰撞，自信表达。我似乎找到了课堂的愿景。可是，该从哪里入手呢？在我困惑、迷茫时，遇见了陈静静博士。

陈静静博士曾到佐藤学研究室学习过，长期深入课堂教学第一线。十年

的研究历程,让她取得了令佐藤学教授都难以置信的研究成果。我们一见如故,笑称自带"学习共同体"气场,我敞开心扉,和她讲述我的"失败"课例,陈博士亦和我分享潜水浦东课堂十年的心路历程。在分享中,我进一步明确课堂愿景:在相互倾听的"学习共同体"中保障每一位学生高品质的学习,找寻学习的快乐。我参加陈静静博士组织的"学习共同体"活动,聆听专家讲座,参与课堂观察和课后研讨,随时记录。一边学习,一边思考;一边学习,一边实践。努力做到"学思合一""知行合一"。令人惊讶的是,实践一点都不难,可以说是一次"翻转"成功!我第一次将教室座位布置成U型,构筑相互倾听的同伴关系;我抛出基于文本核心价值的"冲刺挑战性"的问题,让学生充分协同学习;我忍住不说,把曾经"强势"的自我换成"温柔坚韧"的自我……很快,我的课堂,出现了别样的风景——"静悄悄的革命"发生了。

2017年4月,陈静静博士邀请我到上海市平和双语学校开设"学习共同体"公开课。我愉快地接受任务,并希望上一堂符合心中愿景的"学习共同体"课。陈博士鼓励我,不要拘泥于形式,真正的好课,一定是顺应师生内心的真实自然的课。我把开课的消息告诉学生,坚守"学生立场",从选篇到主问题提出的方式,都和学生商量。为了深入解读文本,我一头扎进了专业学习中,前后看了卡夫卡的七本著作,阅读了一大堆与《变形记》相关的文献资料。在对《变形记》做文本解读的基础上,轻松完成了"学习任务单"。课前征求学生的意见,打破了之前主问题由教师提出的惯例。上课伊始,先让学生小组协同学习,交流预习中遇到的疑问并尝试解决,小组分享达成共识的部分或存疑部分。在学生充分的交流质疑中,生成本堂课"冲刺挑战性"的问题:"卡夫卡为什么把格里高尔变成一只甲虫?"小组再协同学习,尝试解决问题,组与组之间交流,同学之间质疑提问、互动探讨。整堂课形成了基于个性化解读的差异性的交响乐。学生们的发言,就像一颗颗小石子扔入湖面泛起的一层层涟漪。我在倾听以及串联孩子们的发言中,引领学生"反刍"文本,体会到文本的"不确定性",在"荒诞"中看到真实人性。

这一节课让听课的专家老师们很惊讶，他们强烈要求学生共同参与课后研讨。老师们问了很多这堂课背后的东西，比如说："学习共同体"和小组合作学习有什么不同？如何协调组内同学的话语权？教师在"学习共同体"中担任什么角色？"学习共同体"对成绩有什么影响？"学习共同体"带来了怎样的收获？看着学生们自信的表达，老师们认真的记录，我感动得热泪盈眶。"学习共同体"，让每一个人获得自信，并发出自己内心的声音。

三、教师专业发展"学习共同体"：用自己的心火点燃同伴的教育梦想

"学习共同体"的核心是"学教翻转"：从教师的"教"转向学生的"学"，从学生"个人学习"转向"合作探究学习"。"学教翻转"并不如想象中崎岖，也并不如想象中顺畅。有了课堂的愿景，有了实现愿景的正确路径，每一天的实践都在丰富研究经历，每一次面临的困难都在提升研究境界。我和学生共同学习、共同实践、共同研究、共同反思，我用笔记录每一段感动的故事，每一份独特的感悟，每一个难解的困惑。慢慢地，我发现了被纷繁复杂的状态掩盖着的一个简单的教育事实，也可以说是一直影响我发展的难题：德育和学科教学并不是两个发展方向，班主任和学科老师的工作并不矛盾冲突。如果说，学生和老师是学习的专家，学校是研究学习的场所，那么，班主任就是为学生的学习构建相互倾听的幸福温暖的"学习共同体"的人，而学科教师，则让学生在相互倾听的"学习共同体"中，突破"习得并积累知识技能"的局限，实现与同伴协同的"活动性学习""合作性学习""反思性学习"。我之所以能在走进"学习共同体"后快速实现理想课堂的愿景，是22年的班主任工作经验提供了充足的助力。

回想2005年，我从浙江省一级重点中学来到上海的一所民办高中，接手体育班，面临一系列师生间需求矛盾冲突的问题。我一次次找学生谈话，灌输做人的道理，引导他们明确学业成绩的重要性，但收效甚微，且被孩子们视为"马列主义老太太"。我清醒地意识到自己和学生之间存在巨大的鸿

沟，借着参加上海市"体教结合"论文比赛的机会，我查找国内外体校生的资料，进入体育场馆看孩子们训练，周末陪孩子们参加比赛。我看到孩子在训练场上流泪流血的场面，看到孩子们为荣誉拼搏的激情，也看到家长、老师过高期望下孩子们不被人接纳的苦痛。感谢让我烦恼让我忧的体育生，让我及时转变教师观念，慢慢意识到必须做一个能感知学生的痛苦，看到学生的错误，懂得忽略和宽容的人。从那以后，我用心构建和谐的师生关系，尊重、接纳、欣赏学生，站在学生的立场去理解学生；仔细聆听，在沟通中帮助学生树立"这个问题我要自己解决，可以通过自己的努力来解决自己的问题"的意识。

2009年，我进入上海市一所普通中学，面临身兼数职、头绪多、任务重的难题，以"创建个性化班级"为抓手，进一步构建和谐师生关系，在"尊重差异、张扬个性、发展特长、和谐发展"中，尝试班级自主管理。2014年，我进入上海市一所示范学校，在学校"人人皆可资优"理念的引领下，开展"打造幸福温暖的学习共同体"活动，参与教育部重点课题"培养良好人际交往能力促进高中资优生积极人格养成的实证研究"，以帮助学生走上幸福之路为己任。2016年，在新高考改革背景下，作为上海市班主任带头人，我组建专家、导师、学员组成的班主任专业发展"学习共同体"，瞄准前沿、根植实践、破解难题、共同发展，共同研发"学习共同体素养课"。同年，作为语文教研组组长的我，组建教师专业发展"学习共同体"，致力于打造真实学力的语文课堂，在"学习共同体"中开展真实的语文教研。作为"学习共同体研究院"语文学科指导专家，我们和全国各地来学习培训的老师共同观察学生学习，深入研讨学生的学习，了解学生学习顺畅的地方并及时总结经验，发现学生学习困难的地方并协同解决。2017年7月，在陈静静博士的信任支持下，我为"真爱梦想·学习共同体暑期研究坊"来自全国各地的中学文科组教师做培训。我的学生到了会场，作为中国第一批"领衔学者"，学生在课堂中创建的温暖润泽的学习场域、表现出来的协同气质，感染了会场中的每一个人。台湾的李玉贵老师激动地对我说："郑老师，我从您的学生身上，看到了中国未来教育的愿景。"

为了让更多的孩子享受到"优质而公平"的教育，我和陈静静博士利用假期，到云南、四川、内蒙古等地做公益活动，点燃老师们沉睡的教育梦想、点燃孩子们对学习最原始的渴望。所到之处，我们听到的最多的话语就是："这还是我原来沉默不语的学生吗？学生的转变竟然会这么快！"我们用实际行动来告诉同行们，教育改革，不只有自上而下的改革，一定也有自下而上的"草根"革命。课堂不变、教师不变，学生也不会变！当我们直面困境，和孩子携手开拓未来的学习世界时，我们就成了天底下最幸福的人！

持续三年，我的课堂发生了怎样的变化

——以 2019 届学习共同体领航班级高中语文课堂为例

2016 年，我迎来了高一新生。2017 年全国暑期学习共同体领航教师工作坊，我所带的班级被学习共同体研究院授予学习共同体领航班级，我所带的学生被授予中国第一批"领衔学者"荣誉称号。2019 年 6 月，36 名学生，除 1 名学生复读，其余的都进入重点院校继续深造。其中被上海 985 院校录取的有 12 名，分别为复旦大学 3 名，交通大学 2 名，同济大学 1 名，华东师范大学 6 名；被外省市 985 院校录取的有 8 名，分别为武汉大学、天津大学、重庆大学、北京航空航天大学等；被世界名校录取的有 2 名，分别为上海纽约大学 1 名，杜克大学 1 名。2018 年华东师范大学教育学在读博士生张春兰在访谈当时就读高二的学生时，其中有一个问题是："学习共同体给你带来了什么？"大部分学生都提到了这样一句话："除优异的学业成绩外，综合素养得到了提升。"

这三年来，我和学生一路耕耘一路歌，共同享受着学习的快乐。在师生共同构建的润泽自然、幸福温暖、信任关怀的学习共同体课堂上，发生了真实而深度的学习，师生双方的个人价值、生命价值、幸福感都得到了提升。教育，在我们眼前呈现出最美好的样子。

一、学习共同体：课堂转型的"触发点"

2016 年 9 月，我迎接新高一班级。这个班级有些特别，是从年级 10 个班级学生中挑选出来的创新实验班，学校命名为"伟长班"（钱伟长是上海大学的名誉校长）。班级男生居多，占了全班人数的三分之二。这些学生数、理、化成绩优异，英语成绩也不错，但是语文成绩在全年级没有优势。刚开学一周，语文课沉闷至极。一个问题问下去，全班一片寂静，学生都低着头，生怕被我叫起来回答问题。我感觉自己在唱独角戏，心想选拔出来的优秀学生怎么如此没有自信？在随之而来的摸底考试中，学生的成绩果然和课堂表现成正比，成绩在年级中处于中等。为此，我开展了学生访谈工作。由于访谈环境轻松、安全，学生向我诉说了心里话。反馈的主要信息如下：

男生：
- 从小就不喜欢语文课，觉得无趣，没有意思。
- 语文就是死记硬背，平时背了考试也不一定考到，还不如刷题有效果。
- 初三时语文天天默，天天刷题，中考考得不错，到时候高考前也集中复习背诵就行。
- 语文成绩不稳定，这次考好了，下次考差了，就看人品好不好了。
- 语文课上回答问题太浪费时间，老师直接讲讲就算了。

女生：
- 语文学习很重要。但是就算投入时间多，效果也是一般般。
- 班级里的男生理科很厉害，我要多刷题，跟上他们。
- 上课发言有压力，万一我说得不好，同学会不会觉得我很差？老师会不会觉得这么简单你都不会？会不会觉得我听课不认真？
- 高一学业压力很大，那么多门课都得学，语文作业排到最后做，实在困了就勉强完成再说。

……

高中学业压力大，任务重，又有高考的压力，学生的精力有限，他们对语文学科做的一些判断，一些举动，是可以理解的。如何激发学生学习语文的兴趣？如何让学生在语文课堂上感受到学习的快乐？如何提升学生的语文学习素养？这些问题一直萦绕在我的心头。适逢我参加上海市中青年课堂大赛，我决定利用这个契机，来打破学生在课堂上的沉闷现状，构建师生对话的课堂。

我为之几乎付出了所有的心血。近两个月的时间，我不断地阅读语文专业书，提升我的文本解读能力；请教语文学界的专家，不断修改我的教学设计；请学生提出问题，不断听取学生对理想课堂的建议；请求家长的帮助，让学生在明确语文学习重要性的基础上增强学习的动力。那段时间，我把教室座位变换成五人小组的样式，请组长组织学生学习，在课堂中开展合作学习。学生在小组里面说起来了，可是到了全班分享的时候，还是没有人愿意主动讲。被我点名起来讲的同学，普遍不够自信，回答简单并且喜欢用大话、套话，缺乏高中生应该有的分析能力和提炼概括能力。慢慢地，学生看到我付出的努力，也很配合我，有越来越多的学生开始主动站起来说。到了教学大赛那天，我在课堂某一环节安排了5分钟讨论，学生由于预习充分，有了自己的想法，为了不让老师冷场，不少学生主动站起来表达观点。但是学生关注的点和我之前设计的点不一致，我在上课现场犹豫了一下，选择继续按照事先设计好的教案往下讲。课堂气氛陡转，变得和开学初一样沉闷。一位学生在当天的日记里婉转地写道："郑老师这堂公开课精心设计，可是效果并没有我们想象中的好。"

在我急需突破的关键时期，陈静静的讲座点燃了我，打开了横亘在老师和学生面前的学习"黑箱子"。我明白了孩子是如何从刚入学时热切地举手到逐渐成为课堂的"观光者"，其根本原因是孩子长期得不到高品质的学习，教师没有真正关注到学生的学习状态和学习需求。一系列的学习共同体观课震撼了我，让我看到课堂中学生学习的真实状态。如果说低年段学生中还存在虚假学习的情况，那么进入高中阶段的部分孩子，呈现浅表学习的状态。这些学生一般学习努力，肯下苦功，初中时能取得很好的成绩，但到了高中就出现下降，对学习缺乏自信。学习共同体给了我努力的方向，在关注自己学科专业能力提升的同时，要关注学生在课堂上的学习经历。教师要构建信任、关怀的学习环境，从教授者转变为学生学习的促进者。为此，我确定了语文课堂转型的方向：让学生在课堂上自主探究、协同探究学习。

那个阶段，我聚焦观课，改变原来的教育方式，改变原来的教研方式：

- 用 LOCA 课堂观察范式来观察学生的学习。即"以焦点学生学习历程为中心的观察与关键事件重构分析"（Learning-process Observation and Critical-incidents Analysis Approach）。
- 建立以学生的学习为中心的立场。
- 教师以儿童学习为对象，收集学习的事实案例。
- 形成对学习的完整分析证据链，并据此深入理解学生的学习逻辑，开展对原有教学框架的深刻反思。

二、学习共同体初体验：真实学习的发生

2016 年 11 月，我第一次在语文课堂上看到了学生自主学习、协同探究的风景。那天上的是蒲松龄的《促织》，课间，学生把座位摆成 U 字型。文本很长，我让学生在小组内探讨解决预习中遇到的疑难字词句。小组解决不了的问题，再提交到全班探讨。那堂课，学生为找到一个词语的精准翻译，自主查阅字典，放在语境中推测，相互探讨。全班共同解惑环节，学生探讨热烈，我饶有兴趣地倾听，感受学生思维的过程，学生不再从我脸上找寻答案。一堂课很快就结束了，当天有一位学生在日记里写道："没想到依靠自己的力量，和同学共同探讨，把课前不会翻译的地方搞懂了。一节课的时间过得很快，期待明天的语文课。"之后的语文课，学生成了课堂的主角，王韬说："自从小学开始，我就进入了相同的课堂学习模式，一个课堂一般都会有几十个人坐在一起上课。老师的授课方式也非常相似：老师讲，学生听。这可能就是中国最普遍的课堂现象。然而，高中的语文老师兼班主任郑老师却给我们呈现了一种全新的课堂并迅速成为我发自内心喜爱的课堂。"

转眼就到了高一下学期。语文课变得很活跃，经常有同学抢着发言。但是新的问题出来了，发言的总是那些同学，而沉默的也是那些同学。我把课堂还给了学生，可是主动积极表达的学生霸占了话语权，而学生又陷入听同

伴发言却抓不住重点，导致不知该如何理解文本的尴尬境地。有些学生提出希望多听语文老师讲解，起码老师讲的肯定是正确的，而听同学讲有些浪费时间，听到最后又不知正确答案是什么。我深深地理解学生的想法，因为毕竟这些孩子都希望有优异的学业成绩，他们也习惯了老师讲、学生听、课后复习巩固的传统学习方式，他们关注学习结果，总是需要老师一锤定音，给个标准答案。一旦师生或者同伴开展对话，很容易偏离话题或者课堂推进缓慢。我征询同学的意见，要不要回到之前的学习方式？老实说，我是做好了回到以前课堂的准备，毕竟我也担心学生的学业成绩下降。但让我出乎意料的是，学生说，我们不想回去，也回不去了。学生的坚定让我感动，从那天起，我们达成共识，师生共同努力，共同探索，共同解决问题。

问题的症结何在？正当我一筹莫展时，2017年2月27日，佐藤学到华东师范大学做讲座，再次提到师生之间的相互倾听。第二天，我观陈冬梅老师的课，陈老师轻声细语，班级中洋溢着润泽的气息，是我的课堂所没有的。我反思自己的课堂，学生在小组探讨的时候，高声交谈，就像茶馆一样闹腾。而学习共同体课堂的精髓：不是"相互说"，而是"相互倾听"；不是"相互教"，而是"相互学"。这个发现让我激动不已。回到学校，我没有急于上课，而是和学生分享我外出学习的感悟。我提到了"相互倾听"。学生豁然开朗，有学生说："那是因为我们满足于自己说自己的，而不善于倾听同伴。"又有学生说："会说的人其实并不是最厉害的，因为会说的只是把他已经知道的说出来，会倾听的人能从中学到很多东西。"我们探讨如何让课堂安静下来的办法。学生提炼了四个字：轻声细语。具体的原则是：第一，小组2人间的探讨，以不让第三个人听到为宜。第二，小组4人间的探讨，以不让其他小组听到为宜。我感悟到，一堂课的成败，除了老师的教学设计、课堂组织以外，学习环境、同伴关系、课堂氛围的营造也至关重要。

除了相互倾听关系的建立，我反思到语文课堂学生懈怠，感到无趣的核心原因在于课堂没有挑战性。我显然缺乏冲刺挑战性问题设计的能力，因为挑战性问题的设计，需要对文本核心价值进行挖掘，需要在课前充分了解学生的学情。而这对我来说是个巨大的挑战。但是，我明白，相互倾听关系的建立并不是为了课堂表面的安静，如果没有基于语文学科本质的冲刺挑战性问题的设计，学生对于这样安静的课堂会很快生厌。同时，作为一名老师，实现每一位学生高品质的学习，不就是努力的方向吗？对学科本质的把握，对文本的深入解读，不正是教师专业发展的需要吗？我们每天忙忙碌碌，但不能丢弃老师自己的专业发展，不能丢弃学生真正的学习！另外，一个人能力有限，但我们可以在教师专业发展共同体中协同备课，共同提升。之后的语文课，我在解读文本的基础上，尽自己最大的可能设计冲刺挑战性问题，同时，与备课组同伴不断探讨，寻找促进学生深度学习的问题。课上得越来越有味道，学生和我每一天都感觉在"成长"，我发现自己走入了一个前所未有的新阶段，每一天都充满活力，每一天都在学习。如果说，之前我是有意开启专业发展之旅，那么，和学生共同成长的模式，让我走入了专业自觉。上完课后，我急着回办公室记录，生怕错过一堂课的美好。

2017年4月25日，学生在公开课结束后留在会场，参与平和学校的语文课后研讨活动，回答在场的专家、一线教师关于学习共同体实践的各种问题，大大地提升了学生对于学习共同体的认知能力和研究兴趣。回学校后，不少同学提出要和我共同研究学习共同体课题，其中两位学生的课题立项为市级课题。我和学生有了共同的身份，学习者、实践者和研究者。这期间，我们共同形成了"构建相互倾听的学习共同体"行之有效的方法和策略。

- **小组探讨规则**
  - 四人一组，轮流发表自己所观察的内容；
  - 一人发言，三人记录关键词；
  - 交流的时候要轻声细语，四人彼此能听见即可。
- **班级公共分享规则**
  - 四人同时上台分享，一位为主发言人，三人补充；
  - 一人发言时，一人在黑板上板书；
  - 每次小组发言的主发言人轮换；

➢ 主发言人在分享时以小组的关键词为主，总结小组中的多数观点、保留独特观点和困惑，尽量避免只阐述个人观点；

➢ 班级其他同学认真倾听，如对小组发表的内容有疑问，在他人发言结束后，举手示意或者主动站起来交流。

- **教师作为倾听者，在课堂上的关注点**

➢ 教师对于学生的发言要做到"全纳"；

➢ 教师要把每一位同学的发言都当作"好的发言""精彩的发言"；

➢ 在上课过程中，尽量不进行个人评判，不批评，同时也慎用表扬；

➢ 在上课过程中，不能切断学生的思维，也不能切断学生的发言；

➢ 教师的发言要少而精，以有助于小组顺利讨论；

➢ 教师要聆听各种声音，发现学生观点的独特之处，将学生的各种观点进行串联。

- **真实学习发生的条件**

➢ 学生内心安全；

➢ 学生课前对文本有自己的初读体验；

➢ 学生在课堂探讨中生成的问题能得到教师的重视；

➢ 学生能在课堂上得到同伴的帮助；

➢ 学生在课堂上有充分的时间探讨。

三、学习共同体深度实践：深度学习的发生

转眼到了高二。学生从被动的学习者变成了主动成熟的学习者。学生对于语文课堂又产生了新的倦怠。主要表现为：（1）语文课进程很慢，总是要拖课；（2）愿意分享的就这些同学；（3）课堂上的学习内容不具有挑战性。我想起佐藤学在《静悄悄的革命》中的一段话："那些对枯燥无味的或者无异议的课题表现消极、毫无兴趣的学生不仅是自然的，也是健康的，对这些学生的表现，教师应视为理所当然，并首先有必要来一番认真的自我反思。"为此，我和学生共同设计问卷，开展问卷调查。

表 4-1　学生偏好的学习方式与课堂提供的学习方式差异比较

维　度	课堂提供的学习方式	学生偏好的学习方式
教学内容	·根据教材编写的内容序列	·内容序列可由学生调整 ·打破教材的界限 ·关注学生的个性化需求
教学方法	·学生中心与教师引领作用的协调	·真正以学生为中心 ·教师提供学习策略
学习任务	·学习任务挑战性不够	·冲刺挑战性任务 ·喜欢课堂上生成的学习任务
学习材料	·学习材料单一 ·不能随时借助网络资源	·提供学生真正需要的学习材料 ·充分考虑学生需求的多样性 ·学习材料有深度、有广度
学习结果	·以课后作业、考试反馈为主	·知道本节课学习的终点在哪里 ·教师能在学习过程中及时干预
学习评价	·以考试为主	·对学生学习有真实性评估 ·对学生学习有发展性评估

表 4-2　昨日课堂与明日课堂基本框架之比较

维　度	昨日课堂	明日课堂
教学目标	·教师立场，制定本课要达到的教学目标	·学生立场，制定基于学科核心素养的本单元（本课）学习目标
教学任务	·知识呈现	·设计学习活动
学习活动	·教师讲，学生听教师提问，学生回答	·冲刺挑战性的问题探究
知识形成	·记忆、理解、内化	·困境、试错、探讨、整合、理解、内化
学程设计思路	·知识片段化	·知识问题化、逻辑化
教学过程	·以"教"为主	·"学—教—研"三位一体
教学过程控制	·教师把控	·学生自控
课堂效果	·教师评价	·学生感知

我一方面为学生的飞速发展感到高兴，一方面又有些无所适从。如何把学生的学习需求结合到我的语文课堂中？如何在课堂转型上有新的突破？我带着问题请教陈静静，她说："只是上语文课本上的内容，你的学生已经吃不饱了。你不仅要进行高品质的学习设计，还要进行单元设计教学，你现在要做从计划型课程'目标、达成、评价'到项目型课程'主题、探究、表达'的转变工作。"没想到学生的自主学习能力、学生间的协同学习探究能力被激发后所产生的化学反应是如此巨大。我明显地感觉到了自己专业发展的局限，同时，又精神百倍地迎接未来的挑战。每一天的教学都在累积经验，每一天都在成长，这是多么有意义的工作啊。

我们开展了学习方式的变革，从个人、被动、接受式的学习转化为自主、协同、探究未知的学习。佐藤学把学习比作"探究未知世界的旅程"，学习是"三位一体的对话性实践"。我们在实践中发现，这三种对话的核心是"与自我的对话"，而"与客观世界的对话"是思考的原料，"与他人的对话"是思考的促进。学生借助自我的话语所提升的独立思考力，与借助共同体的话语所提升的倾听力，能培养自己的学习力，也就是自我观念的更新与重构。

教师的角色要转变。要从教授者转变为倾听者。这个阶段，学生对于倾听有了新的认识：

我参与的"学习共同体"课堂中，老师扮演一个引导者，确定课堂主题和讨论的重点，就像大河的主干流；被分成一个个小组的学生们，是大河的数不胜数的支流，进行发散讨论，不同的观点交织碰撞，提升课堂的丰富程度。针对老师提出的问题，在个人层面上，我们每个同学运用发散性思维仔细思索；再到小组层面，组内成员相互交流讨论自己的结论，仔细倾听并记录，也在相互辩驳中完善自己的观点；最后是班级层面，以小组为单位交流结论，继续进行质疑辩驳，进一步思考，得到最终的融合结论。每个同学有自己的思路，就好像支流有各自的流向，共同编织成繁密的水网，每个同学的思路共同编织出课堂讨论的广度和深度，让课堂对我们思维训练提升的价值大幅升高。在这样的课堂中，每个同学都在激烈讨论的环境中不断思考，我感受到我的思维终于可以发光了。

在开展了主题为"陪读"的语文"学习共同体"公开课后，我对"学习共同体"又有了更深的情感。郑老师准备了小短片，为我们简单分析了"陪读"的现象，然后就着材料，提出问题，让同学们思考片刻，就开始了小组内的讨论。过程中，我先是按照郑老师提过的要求，倾身向前，仔细地静听组员讲述自己的想法，并且不忘记录重点；轮到我发言时，我把先前组织好的语言表达出来，其他组员也认真地边听我说边记录，让我有一种得到尊重的欣慰。有一个问题被提出时，我心中隐隐觉得自己能解答，仔细思考后，有同学已站起来发言，于是我听完他的表述，分析他的观点，思索后再鼓起勇气站起来表达自己的看法。也有同学针对我的表述进行讨论，这让我感到欣喜，让我有一种参与进课堂的自豪感。

以往我在课堂中把"记笔记"作为主要任务，很少举手发言，有时注意力还会不易集中。但是在"学习共同体"课堂中，我的思路不得不时刻跟随着大家的讨论，一直在思考着，边倾听他人的想法，边组织着语言表达自己的观点，"忙"得不亦乐乎。没有倦意不说，连下课铃响了都依依不舍呢！

——罗沁怡

在郑老师的课堂上，她对我们这堂课的任务非常明确，告诉我们这堂课要达到什么目标，要完成什么样的核心问题。也就是课堂准备过程当中，学生要对于课堂的内容以及核心问题进行协商。要知道自己应该从什么角度或者应该从哪些方面切入，并且明确自己在小组内讨论的角色。在这样协商的基础上，同学们开始实施。正是因为学习共同体的课堂，老师和学生的角色发生转变。老师从原来纯粹的教授者，变成倾听者和引领者。而学生从原来的被动学习者变成了主导者和主动学习者。以学生思想为主导，带给我们的不仅仅只是个人思维的提升，也能够让老师从学生的角度知道学生怎么看问题。老师并不只是从自己的教案出发，跟着自己的教案走——这样的课堂相对于我们的学习共同体的课堂是比较呆板和无聊的——课堂产生的结果也是非常有意思的——思维提升。我们不能说传统课堂思维提升不够，但是学习共同体的课堂带给学生们思维的提升是大幅度的。每个学生思维不一样，切入点不一样，而学生所讨论的过程仿佛在演奏交响乐。每个人是不同的乐器，每个人的角度，每个人的声音，每个人的想法都不同，他们演奏出来的音乐，也是五彩斑斓的。学生知道自己什么时候发声，发出什么声音，知道思维从什么角度提升，怎么提升，如何提升，这三点组成了学习共同体的"精、气、神"。

——俞林昊

我对倾听也有了深入的理解。倾听的是自己未知的，表达的是自己已知的；倾听意味着双方的平等、尊重；通过倾听打破自我，通过倾听学习他人。在课堂上，教师要呈现出倾听的姿态，也就是说要放下身段，宁静安心。具体表现在：

- 教师呈现出倾听者的柔软姿态，平等地接纳每一位学生；
- 教师要倾听学生的学习需要，了解学生的兴趣点和障碍点；
- 教师要在倾听学生发言的基础上，进行巧妙地串联，并在充分尊重学生学习规律的基础上给予支持和帮助。

学生的倾听能力越来越强。他们轮流发言，转述他人观点，在别人观点与自己不同时，能委婉地提出自己的问题或观点，而不是妄加判断或否定。在一次次的冲刺挑战性学习任务解决中，学生全身心投入，持续学习，他们在口头语言、体态语言、面部表情等方面呈现出深度学习的倾听者状态：

- 能准确表达同伴的观点、情感和问题；
- 能辨识不同的观点，并能提出质疑；
- 能通过对同伴观点和感受进行精准的转述、发展、澄清，来展现他们的理解、共情；
- 能纳入到思考中，不断完善自己的观点。

教师要进行高品质、问题导向的学习设计。佐藤学认为在课堂转型的过程中，存在一种"主体性神话"，即将学生与教师的互动、与教材以及学习环境等割裂开来。将学习转化成只由学生内部的"主体性"来实现的深化。佐藤学也把这种学习叫勉强:"从前的勉强,是透过教科书、黑板与笔记的'座学',是脑神经细胞的结合。这种'勉强'不必与任何事物相遇,也完全没有对话,仅仅是听从教师的说明以及阅读理解黑板和教科书的内容,并全部背诵记忆。"在佐藤学看来,学生不能仅仅停留在个体化的、完全主观化的状态之中,而是要处于一种"被动的能动性"中。这就需要教师对学生的学习进行专业的设计和引领。让设计和引领体现学生的学习需求,引发学生的学习兴趣,使学生逐渐进入主动学习的状态,并在这种"被动的主动性"之中不断深化学习。我的语文课开始从计划型课程"目标、达成、评价"到项目型课程"主题、探究、表达"转变。在设计主题活动、冲刺挑战性学习任务、冲刺挑战性问题时,我经常会询问学生的意见。学生也常常和我一起设计。我事先设计好预习单,请学生查阅资料,自主思考;设计学习单,使小组协同学习更聚焦、更高效;设计作业单,巩固性作业由学生独立完成,拓展性练习或变式练习由学生个人或小组协同完成。在日常语文课的实践中,我们发现深度学习发生的关键点:

● 教师设计有认知冲突的、基于学科本质的、探究的冲刺挑战性任务;

● 教师能把学生独特的观点串联起来,并能在适当的时机引领学生反刍文本;

● 教师要培养学生借助丰富的学习资源进行探究和解决问题的能力;

● 教师要尽可能给高阶认知能力的问题留足探究的空间;

● 学生在同伴协同学习时,能围绕主题,构建有逻辑的问题链,并能在同伴的对话交流中不断发掘和给出探究性问题的答案;

● 学生在协同学习中,建立相互质疑的规范,能在倾听他人的观点中不断对自己的思维过程进行整理、反思和重建;

● 学生能对自己的学习进行反思,不断验证和完善自己的观点。

转眼到了高三,我们共同开发了学习共同体专题课、试卷讲评课。学生对于语文课的兴趣浓厚,他们并没有用大量的时间刷题,而是热衷于研究命题,研究解题思路,经常对参考答案提出质疑,给出自己更完备、合适的答案。学生在认知领域，不断提升批判性思维和问题解决能力；在情感领域，能全身心投入学习，享受学习带来的快乐；在人际领域，能在协同学习中向他人表达自己的观点，认真倾听他人的观点、理解他人并提出自己的想法。课堂上真实而深度的学习，总是让我们忘记高三学习任务的紧张和冲刺带来的疲惫感。

  学生在自然状态中迎接区一模考，以全区语文学科第一名的好成绩，给自己交出一份满意的答卷。在高考中，学生也以最好的状态，获得了理想的成绩。在高考综合评价的面试中，不论是经历小组无领导讨论，还是面对教授的"车轮大战"，学生良好的倾听能力所带来的谦和有礼、温文尔雅的姿态，以及能清晰地表达自己的观点，呈现独特见解和批判性思维能力，展示出超乎同龄人的理性思辨能力。学生们一个个取得面试高分。被复旦大学新闻传播系卓越人才计划录取的陆安诚，离开面试现场的当天，在QQ空间发了一条动态："三年的协同学习，让我轻松面对今天的面试。教授对学习共同体很感兴趣，我可以和他聊三天三夜。"被华东师范大学录取的6名学生，如今重回高中课堂，投入高中学困生学习和转化的课题中，他们不断打开课堂中学困生学习的"黑匣子"，让更多人关注学困生的学习。"伟长班"部分对教育有情怀的学生，加入了学习共同体研究院教育部重点课题"基于深度学习的教育生态重构"的研究，成为真正的研究者和实践者。

我的学生如何成为研究者

一、学生成了课后研讨的主角

2017年4月,在"学习共同体名师工作坊"的《变形记》一课中,我所带的高一学生展现的深度学习能力令来自全国各地的听课老师、专家学者们大为"震惊"。于是,意想不到的一幕出现了,这些学生成了课后研讨的主角,他们就学习共同体的核心问题与专家进行对话——

专家老师:请同学谈谈"学习共同体"和"小组合作学习"有什么不同。

孙泽凯:小组学习是把小组思想提炼出来,小组和小组之间就像拼图,相互交融的机会不多。"学习共同体"是个人与个人之间、组与组之间观点的融合,类似于全班共奏交响乐,每个人的声音都很重要。

姚振一:学习共同体是我们提出问题、自由发表,以及和老师进行平等地沟通交流,而不是像我之前经历的形式化的"小组讨论",最后还是要回到听老师说和记录老师提供的答案的老路。

专家老师:有的人特别善于发言,你们如何协调组内的话语权?

孙泽凯:我认为这个担心没有必要。"话霸"发言的时候,其他成员是倾听者,他们获得的东西可能比发言者更多。听得越多,对思维的敲打越多,就越能锤炼思维。思维的深入性往往和倾听的时间成正比。善于倾听的人往往一鸣惊人,就是因为整合纳入了前面所有人的思想。所以说,话语权是一个非常玄妙的东西。说话者和聆听者各有妙处。

专家老师:教师在"学习共同体"当中担任什么角色?"学习共同体"

对学习成绩有什么影响?

陆安诚：新高考改革，好的大学有面试环节，我爸妈问我要不要去上"面试"辅导班，我说不用去，因为我们在"学习共同体"中发言、倾听、对话，就是在锻炼思维能力、言语表达能力。从更深的层面看，"学习共同体"增强了我的自信心，让我从一个羞于表达的人变得乐于表达，善于表达。

二、孩子们为什么如此认同"学习共同体"

孩子们进入高中的第一天，我们就致力于共同创建独立思考、相互倾听、协同学习的"学习共同体"课堂。本着"凡事互相商量"的原则，实践中遇到的每一个问题，我都和孩子们共同解决：座位怎么摆放？每小组几个人？小组成员如何分工？如何更好地倾听？学生在"平等、合作、共享、卓越"的氛围中，有着重要的决策权。正因为长期的全身心参与，学生们对"学习共同体"的感受很深，和我一样，成了"学习共同体"的实践者、研究者。课堂不仅是学生学习知识的场域，也是打开经验，直面具体情境，有所观察、有所倾听、有所交流、有所感悟的场域。而孩子们在《变形记》课例研究过程中所表现出来的高度投入、勤于思考、善于倾听和表达的状态，无疑是长期的"学习共同体"课堂培育出来的。

以下是学生们的发言片段——

潘柳依：格里高尔变成一只甲虫后为什么这么淡然？卡夫卡为什么不把格里高尔变成一只猫、一只狗？格里高尔变成甲虫的真正用意是什么？

孙泽凯：我们组从两个角度来谈卡夫卡为什么把格里高尔变成一只甲虫。第一点，格里高尔的性格和虫类相吻合，卡夫卡经常借助动物题材增加推力，把人从当事者推到旁观者，用客观的眼光看社会现象。第二点，卡夫卡把格里高尔变成一只甲虫，是想让读者体会一个人在家庭关系网中构建的经济支柱地位突然倒塌后的感觉。试想，一个人变成了甲虫，他还有存在的意义吗？即使他有人类的思想，他也是无能的存在。人类社会是一个关系的网络，物质上的能力赋予互相存在的意义，突然把格里高尔赚钱的能力剥夺，他就不平衡了，需要靠周围人去填充这个空缺。综上，我们小组认为卡夫卡想通过变成甲虫的格里高尔，强调当时社会物欲的扭曲，给人以警醒。

高晋哲：你的观点引发我的思考。格里高尔变成甲虫，凸显人的社会性和个体性的矛盾。

陈嘉伟：把格里高尔变成一只甲虫，激化矛盾，让本来孤独的格里高尔无法诉说。甲虫相当于一个壳，象征着格里高尔背负的家庭责任。如果变成猫、狗，家人不会这么反感，因为甲虫是非常丑陋、恶心的。

丁诗悦：小说的意义是让我们看见自己的原型——我们是谁？我们在干什么？变成甲虫的格里高尔令人恶心。如果我们身边人变成甲虫，我很难感同身受。这篇文章，引发我对人类深深的悲悯。

每一位同学都发出了自己的声音，每一位同学在相互倾听的基础上不断发表自己的观点。"冲刺挑战性的问题"就像扔入池塘的一块石头，在学生的心头荡起层层涟漪。学习在深入探讨中发生，成长在深入学习中发生。

三、孩子们成为"领衔学者"

一位听课专家说："从《变形记》上课情况来看，每一位学生都在进行高品质的学习，自信从容地表达自己的观点，在相互倾听中不断生成新的观点。"这是深入学习应有的状态。

一旦老师把学生的学习作为中心，师生共同直面意义生成的现场，在"学习共同体"中成为"意义生成的当事者"，你会发现，每一个孩子都是独一无二的个体。孩子们由此从"被动接收者"转变为"优秀学习者"，而教师就在孩子们交织成的交响乐中倾听、串联、反刍，教学相长、共同学习。

在2017年"真爱梦想·学习共同体暑期研究坊"的活动中，这些孩子全程参与了各学科的模拟课，表现出惊人的学习能力，获得"学习共同体联合会"颁发的中国首批"领衔学者"的殊荣。

做一次不难，难的是持续做

——学习共同体领航教师访谈录

今天，教师面临的最大挑战，是在时代中安身立命。

一方面，教师职业依然保持超乎其他职业的稳定性；另一方面，教育思潮爆炸性增长、理论与实践典型千姿百态、社会大众的直接要求与实践现场冲突日剧。在巨变的教育环境中，追逐短期教学成就尽管可以快速实现物质或成果变现，但却难以帮助教师挖掘自身经验中的关键内容。尤其是当我们将视野拉长到教职生涯全程时，就会发现当前教师专业发展迫在眉睫之处，即是能够帮助自己把握住一个清晰的长期方向，善于沉淀自身的核心能力，进入自我跨越式、优质发展的快速通道。

追求长期性的优质发展对个人是极具挑战的。然而，在这个巨变的时代中，日益频繁的交互让我们能够发现，教师也不再是孤军奋战。在重视个体尊严价值与平等性的前提下，追求协同共情、共生发展的动机愈发强烈，并且正在形成一个呼唤着整体、系统、持续思考我们面临的挑战的共同体。

在这个共同体中，提问自己是第一步。2020年，我们邀请学习共同体一线教师进行自我访谈录，以自我对话和教师群像的方式，共同追问职业生涯转变的契机，展望新时代中每个人将继续努力的方向。我们也期待，每位学习共同体的伙伴可以在每个问题中对自己做一番追问和分享。这将是以个人生命历程作为共鸣器，从教学的、生活的、研究的、技术的、实践的领域中寻找到每个人独一无二的前进之路。

> 您是如何认识学习共同体的课堂变革的？为什么会加入学习共同体的课堂变革？

学习共同体是佐藤学提出的 21 世纪新型学校设想，有三层同心圆结构。内圈是核心，是学生协同学习的"交响乐"；中间一层是教师之间的相互学习、专家型教师成长；外圈是家长与社区的"教学参与"。作为奋战在高中第一线的班主任和学科教师，在学习共同体本土化实践中，我发现相互倾听、温暖润泽的班集体建设是学习共同体的基础和土壤，从这个意义上说，构建"学习共同体"是让班级成为学生协同学习的场所、成为教师相互学习并成长为专家的场所、成为家长和社区共同参与和支持教育的场所。我的具体做法是：（1）在相互倾听、温暖润泽的班集体建设中提升学生的自主探究能力；（2）在合作探究的语文学科教学中提升学生的学习品质；（3）在与任课教师的协同互助中提升学生的学力；（4）在家长参与并支持教师的教学中提升学生的综合素养。

2016 年，是我教学工作的转折点，一次教学公开大赛的失败，让我反思自己的教学，我开始思考如下问题："我的教育理想是什么？怎样的课是一堂好课？课堂的核心是什么？"在我困惑迷茫之时，我遇到了陈静静，参加"学习共同体"日常研修活动，聆听专家讲座，参与课堂观察、课后研讨等。我慢慢地意识到，我以往所谓"成功"的教育是建立在学生优异的成绩上的。为了让学生获得高分，我掌控了课堂，不断地将自己对文本的解读灌输给学生，热衷于讲解应试技巧、解题思路。我只是一名心中有梦想却不知道如何实现的教书匠。遇到陈静静，接受学习共同体的理念之后，我找到了未来专业发展的愿景和方向。我一边学习，一边思考，一边在日常教育教学中实践。令人惊讶的是，我的实践得到了学生的大力支持。当我将教室位置布置成 U 型或四人小组，构筑相互倾听的同伴关系；当我抛出基于文本核心价值的冲刺挑战性问题，让学生充分协同学习；当我忍住不说，把曾经"强势"的自我换成"温柔坚韧"的我……我的课堂，立即出现了别样的风景——静悄悄的革命发生了。

> 在学习共同体的课堂变革中,您是如何走出第一步的?课堂变革的勇气来自哪里?

我的学习共同体课堂变革的第一步是坐到学生身边,观察学生的学习。2016年11月,我参加陈静静的"学习共同体"研究课,第一次听到"观课"这个词,感觉很新奇。当天,执教者招募十名课堂观察员,我主动积极地报名,按照要求认真观察,并自发尝试撰写观课报告,得到陈静静博士的鼓励和指导,坚定了我坚持实践的方向。在日后无数次的学习共同体研究课中,我参与到陈静静提出的"以焦点学生学习历程为中心的课堂观察及关键事件分析重构"的课堂观察新范式研究中,在陈静静的专业引领下,以儿童学习历程为对象,收集学习的事实案例,形成对学习的完整分析证据链,并据此深入理解学生的学习逻辑,开展对原有教学框架的深刻反思。我的课堂观察立场从"关注教师的教"转向"关注学生的学",观课重点从"评价他人的教学"转向"自我教学经历的回溯和反思",最终达到改进自我教学的目的。

坐在学生身边,观察学生的学习。做一次不难,难的是持续做,坚持做。这其中有理念的转变,真正地以"学生的学"为中心。也有研究方法的转变,从凭教学经验或成人思维来揣测学生的学习状况转变为到课堂现场中去搜集证据,找到学生学习问题的症结所在,进而找寻解决的路径和方法。

有很多教师曾问我一个同样的问题:从哪一步开始学习共同体实践?我毫不犹豫地回答:从观课开始。从一开始坐在学生身边单一地记观课笔记,到如今拍视频、拍照、录音、记观课笔记、访谈观课老师和学生;从一开始整理观课笔记,到现在通过回看视频、整理各种第一手资料,进而反思教学,进行课堂改进。我看到了真实乃至深度学习的课堂风景,感受到了教师共同成长的温暖,自身专业水平提升的欣喜,这些都汇聚成了和急功近利的功利教育抗争的勇气。因此,我认为,课堂变革的勇气来自一如既往、持之以恒,一步再一步地开展基于"协同学习"的"宁静的课堂革命"的实践。

> 参与到学习共同体的课堂变革对您个人的具体影响有哪些方面?

学习共同体的课堂变革对我个人的影响是全方位的,可以说在日常教育教学的修炼中,让我向美而生。从专业方面来说,我的课堂真正实现了理想中师生相互学习、彼此关照、共同成长的状态。身在相互倾听的学习共同体中的每个人,都是自立的、活动的、合作的学习者,在尊重彼此差异中,毫不吝惜地分享自己的见解,虚怀若谷地吸纳他人的观点。课堂中的每一分每一秒,都被赋予了新的意义,变得弥足珍贵。从性格方面来说,我找到了真实本真的我。学习共同体的核心是"平等、合作、共享、卓越",教师低下身子去倾听学生的心声,将讲授的环境转变为学习环境;教师做一名教学的设计者、教学活动的组织者和示范倾听者,让学习在宁静、安心的课堂上自然地发生;教师组织男女混合4人小组,展开合作学习;教师构筑平等互学关系;组织挑战性的学习……我的性格发生了变化,褪去为了教师权威而不得不给自己戴上的面具和高高在上的姿态,在学生面前袒露真实、自然、本真的我。从生活方面来说,我慢慢形成"年来无事不从容,睡觉东窗日已红"的淡定从容心境,能接纳不完美的自己,能享受和孩子成长的每一个瞬间,能发现生活中的美和不经意间的感动。

> 您在进行学习共同体的课堂变革过程中有哪些外在的阻力?您如何克服或者转化的?您从哪里获得了克服困难的勇气和力量?

学习共同体的课堂变革的核心是培养学生自主探究的学习能力和同伴协同学习的能力,指向学生核心素养的培养,而不仅仅是分数的提升。也就是说,学习共同体提升的是学生的学力和终身学习的能力。这需要教师有稳定的教育哲学和学科专业素养,以及对教育事业的热爱和教育情怀。在课堂教学中,需要锤炼自己的专业能力,具体为教学设计能力、倾听能力、课堂组织领导能力等。持续实践学习共同体的教师往往有专业发展的内驱力，教师专业发展呈现跨越性发展。可是，教师的这些变化可能不是以外显的方式呈现，学生学力的提升可能需要更多的时间和从弯路中吸取经验教训的过程，这就需要教育管理者、教师个人、学生、学生家长有更多的耐心，以静待花开的姿态，还给教师和学生完整的教学体验过程。

  在我三年半的学习共同体实践中，课堂变革中的阻力主要来自以下几个方面：一是来自教育管理者的压力。担心因课堂变革带来的教学质量下降或不稳定，或者对学生的学业成绩期待更高而不满足的心态。二是来自教师同僚的不理解。学生的积极性被激发，对于传统课堂、传统教学模式会提出新的挑战。高品质学习设计、观课、课后研讨等，看上去需要投入大量的时间和精力，部分教师担心增加工作量。三是来自习惯于听老师讲课，希望以老师讲解代替自己学习的学生的阻力。这些学生一般比较乖巧听话，他们往往认为教师讲了就是自己学了，对自己的学习能力不够自信，对于教师的课堂变革适应较慢。

  但是，从严格意义上来说，这些并不能称为学习共同体课堂变革中的阻力，因为对教育事业心怀理想的教育者，也许都会遇到类似的困境。克服或者转化的最好办法是在学习中实践，在实践中反思，在反思中分享经验和教训，和团队老师、学生一起克服当下教育中面临的阻力。学习共同体课堂变革一旦走上正轨，学生的学业成绩和综合素养会呈跨越式发展；实践学习共同体的老师会发现研究学生的学习是解决诸多教育教学问题的突破口，尝到甜头的教师会自发投入到研究实践中去；对于依赖听教师讲解而缺乏自主学习能力的学生，则需要教师用更多的耐心和适当的方法加以引导，这些孩子一旦发生真实而深度的学习，他们就会焕发出新的生命力。

  学习共同体实践中，经验的累积、成果的获得和面临的阻力是同步的，克服困难的勇气和力量来自自己的心态。也就是说，要根植实践、直面困难、勇于探索、敢于创新。我非常喜欢萨提亚的一句话："问题不是问题，如何面对问题才是问题。"要善于把学习共同体遇到的阻力，转化为前进路上的动力，让自己行进在专家型教师的路上。

> 您如何看待学习共同体领航教师这样一个称号？这对您来说意味着什么？

领航教师于我而言，是一份荣誉，更是一份责任。2016年，我被授予这一荣誉称号，我一直鞭笞自己努力前行，和教师一道协同学习，共同发展；不断提升自己的专业素养，在课堂这个生命成长的场域，和学生共同研究、共同实践、共同成长。三年半以来，我一边实践一边整理研究成果，毫无保留地分享给团队成员，带领上海市班主任团队研究实践学习共同体，丰富高中学习共同体的研究实践经历，累积大量的研究成果。同时，作为学习共同体指导委员会委员，中学文科组指导专家，我先后7次担任学习共同体"领航教师"研究坊培训者，也跟随学习共同体团队应各地教育局的邀请，到十多个省市分享学习共同体实践经历，做讲座，开公开课，进行课后研讨，等等。同时，作为学习共同体领航教师，我不仅培养、指导学生，而且让学生成为学习共同体的研究者、实践者，让教育界听到学生的心声，让学生成为改变中国教育的新生力量。

> 能讲一讲您在学习共同体课堂变革中经历的关键事件吗？您在这关键事件中学到了什么？

2017年4月，我应陈静静的邀请，第一次在全国范围内开设学习共同体公开课。坚守"学生立场"，从选篇到主问题提出的方式，都和学生共同商量。深入解读文本，一头扎进了专业学习中，设计"学习任务单"。课堂上，先让学生小组协同学习，交流预习中遇到的疑问并尝试解决，小组分享达成共识或者存疑部分。在学生的充分交流质疑中，生成本堂课冲刺挑战性的问题："卡夫卡为什么把格里高尔变成一只甲虫？"小组再协同学习，尝试解决问题，组与组之间交流，同学之间质疑提问、互动探讨。整堂课形成了基于个性化解读的差异性的交响乐。每一位学生的发言，就像一颗颗小石子扔入湖面泛起的一层层涟漪。我在倾听、串联孩子们的发言中，引领学生"反刍"文本，体会到文本的核心价值。

《变形记》一课学生的表现，大大超出我对学生的了解和预期，让我感受到了学生超强的学习力和难以估量的学习潜能。《变形记》让观课的专家老师们惊讶，强烈要求学生共同参与课后研讨。学生也因这次课后研讨，获得自信，发出对教育变革的心声。从此，我和学生共同走上学习共同体研究实践之路。如今，这届学生中有6位进了华东师范大学深造，他们成为了学习共同体研究的新生力量。

> 您是如何迭代自己的课堂的，是什么动力让您能够持续进行这样的研究和实践？

学习共同体实践一学年后，学生熟悉了四人小组协同学习方式，提升了自主探究能力和同伴协同学习能力。学生呈现出对于课堂教学内容吃不饱的状态，希望教材重组，对真实情境下的问题解决能力提出新的更高的要求。由此也引发了我对课堂深度学习的研究。学生的专业发展速度超乎我的想象，学生的发展推动我不断向前研究，我进入了持续研究的阶段。一是加强对语文学科本质的研究，认真学习《普通高中语文课程标准（2017年版）》；二是从教学设计转向学习设计，提升指向深度学习的学习设计能力；三是构建相互倾听的课堂，为深度学习的发生提供可能。

> 学习共同体的课堂变革带给您的学生的影响和变化是怎样的？举例说一说。

学习共同体的课堂变革，让我和学生有了专业自觉和自信。具体来说，我从一个低头教书，专心抓学业成绩的"技术熟练工"，转变为关注学生学力提升，关注学生综合素养发展的"反思性实践者"。在这个过程中，我收获了和学生共同学习、共同成长的革命同盟般的真挚情谊，也获得了家长的支持和信任。学生也从听老师讲课、个人孤独地学习转变为学会学习、学会合作的真正的学习者、研究者。三年来，学生在真爱梦想—学习共同体研究院的支持下，自主举办"创生、创新学生论坛"，多次站在全国学习共同体学术会议中分享学习共同体实践经验，甚至给教师培训。2019年，学生以优异的高中学业成绩和超强的综合实力毕业，来到理想的大学和专业继续深造，成为祖国的栋梁之才。

> 进入学习共同体的团队以后，您对教育教学、对学生、对自己的专业和人生发展，有了怎样的新愿景和方向？您未来打算做哪些突破？

我的新愿景是做一个有影响力的人。在学习共同体团队中，我慢慢地认识到了一线教师的价值所在。不仅仅是让班级里的学生获得理想的学业成绩，还要让学生具备未来社会所需要的创造能力、沟通能力、合作能力和创新能力。教师不再是一个孤独奋斗的岗位，而是同伴之间相互探讨、相互帮助、相互研讨、协同学习、共同发展。我和学习共同体同伴，一起构建相互倾听、幸福温暖的学习共同体，构建家校合作共同体，我们通过自己的努力，去改变自己所在的教育生态，也希望影响更多的人，进而改变整个教育生态。

我未来想在学生深度学习方面做深入的研究。研究学生的学习心理、学习品质，提升学生的学习素养，真正实现保障每一位学生高品质的学习，为实现优质而公平的学习不懈努力。

> 您是如何认识学习共同体这个研究团队的？您在个人发展方面需要团队怎样的支持？您对这个团队的未来发展有何建议？

学习共同体是我专业成长的摇篮，我在这个团队中汲取了专业成长所需要的养分。学习共同体团队给予了我信任、关怀和温暖,让我变得自信、从容、有尊严。在这个研究团队中,我们有研究的愿景、研究的方向、研究的动力、研究的支持。学习共同体团队给我归属感和成就感,也让我们认识到个人力量的渺小和伟大。在学习共同体团队中,每个人都是平等的,每个人都是独具特色的,每个人都是不可或缺的,每个人都被看重。学习共同体中的每一个人,就像涓涓小溪,汇入大海。

我很幸运,在我急待突破的时候遇到了学习共同体;我很幸福,见证了学习共同体发展的黄金时光。我的个人发展和学习共同体的发展是息息相关的,我的每一步专业发展都根植在学习共同体的研究实践之上。未来,我希望学习共同体继续扎根在课堂这块沃土中,研究学生的深度学习,从细微处变革中国教育生态。

> 当前一些教育同仁也希望能够加入学习共同体的课堂变革中去,您可否给大家提供几条切实可行的行动建议?

随着中国核心素养的发布,新高考的改革,新课程的颁布,学生学习方式的变革,学习共同体的课堂变革是未来教育发展的趋势,已逐步被教育工作者认可。基于草根变革的时代已经到来,越来越多的一线教师自发地投身到课堂变革中。基于我的学习共同体研究实践经历,我有几点想法:

一是做一名学习者。教师教学生学习,首先自己就应该是一名真正的学习者。二是做一名观察者。观察学生的学习,从教育现场中去解决学生的实际问题。三是做一名反思性的实践者。一线教师要扎根于课堂,顺应社会的发展变化,培养适应未来社会发展的人,要敢于创新,敢于实践,并不断反思、总结。四是要持续地研究。学习共同体做的不是昙花一现的课堂,也没有捷径可走,更没有现成的模式模仿。每一位教师都要把自己当作一名研究者,研究自己,研究学生,研究教育现场,成为一名做实事的教育工作者。

教育现场是很复杂的，教师的工作是极富挑战性的。教师的培养对象是人，即未来社会的合格公民。教师更要有未来发展的远见，要有教育发展的愿景，并有把这些愿景变为现实的行动力。最后，一定要组建教师专业发展共同体，和教育同仁共同学习、共同分享、共同进步！

附：

学生说她的课每一分每一秒都异常珍贵

不久前，小编采访了李玉贵老师，她介绍了让学生安心地在课堂上相互倾听、合作学习的"学习共同体"理念。小编了解到在上海有不少学校也在采用这种创新的学习方式。上海大学附属中学的郑艳红老师和她的学生们就是其中的探索者。上周，小编来到了她们的课堂。

小编走进教室的时候是课间，一位女同学正在黑板上写这样一句话：

苹果公司总裁库克认为，我不担心人工智能会让计算机像人类一样思考，我更担心人类像计算机一样思考，失去了价值观和同情心，罔顾后果。

其他同学正把桌椅摆放成"4人小组"两两面对的形式。

她的课学生讲，老师听

上课了。

第一小组的4位同学把一张图贴到黑板上对着同学说："我们认为：如果没有价值观和同情心，思考问题的时候会不全面，不顾及全局。计算机没有价值观和同情心，思考问题可能会不顾后果，我们所指的不顾后果是无法从长远发展的角度来看问题。而人类具有价值观和同情心，思考问题会顾及后果。另外，计算机工作的程序是由人类输入的。我们认为人类和计算机的差别在于，人类会创新，计算机可能不会创新……"

话音落地，下面的同学自然地站起来回应，不小心同时站起来的几位同学默契地坐下，留一个人先讲：

S1："我觉得计算机不能创新可能仅仅局限于我们现在的科技，因为未来计算机具有思考能力的话是可以创新的。"

S2："我想指出一点，说人工智能具有思考能力的时候我们需要注意，人工智能可能在有些方面优于人，但不能说它就具有了思考能力。计算机执行任务是基于算法，而算法并非凭空产生，而是由人来输入、设计的。人的大脑有主观意识，计算机没有这种主观意识。所以像AlphaGo只能说具有学习能力，并不能说具有思考能力。"

S3："我的观点可能不太一样，这个题目的核心是人类的思考方式与计算机的思考方式不同，人类的思考方式是什么样的呢？人类对事物有自己独特的看法，并且有同情心，计算机是没有价值观没有同情心，不顾及后果的。所以如果一直讲智能的话，可能会有点偏题……"

S4："我认为计算机才会顾及后果，人才是不计后果的。感性大于理性的时候，人会做出一些基于感情的事情。计算机会基于纯理性，没有价值观和同情心地去做事，所以库克才会担心人类会像计算机一样做事只顾及后果，一点感情都没有了。"

S5："人在冲动的情况下可能会行为失控，但大多数人在行为失控之后还会意识到，'哦，我做了一件错误的事情'。他可能是在事情发生之后意识到后果的。"

S6："我觉得罔顾后果有一个例子可以说明，那就是1939年的德国，他们完全按照上级下给他们的命令去执行，完全没有考虑过自己会不会战败，这就是一种罔顾后果的表现。对于上级的命令他们只是心甘情愿、非常积极地去完成。"

S7："我认为不顾后果有两种：一味地向前进是一种不顾后果，有资源就不断扩散，不会停止；还有一种不顾后果，就像上次我们看的《你有拖延症吗？》视频中那只及时行乐的猴子，那是一种来自人类自身局限的不顾后果。"

……

看到这里，你可能会以为这是一节辩论课，其实这是一节作文辅导课。语文老师郑艳红采用了一种特别的教学方式：她提前一周布置给学生这个题目，根据库克的这句话来写一篇800字的议论文。接着请学生4人一组查阅资料，思考、讨论、画出思维导图，在这节课上与同学分享、交流，批判性地吸收别人好的观点和建议，最后，在这一连串思考的基础上把作文写出来。

学生的讨论此起彼伏，时而激烈、时而舒缓，郑老师坐在学生中间，不仔细看的话，可能也会把她当成学生。只不过，大部分时间她都在听和记录，只有在小组轮换的间隙偶尔会站起来给大家一些建议和提醒。

比方说第一小组结束的时候，郑老师提醒大家库克的这段话是英文翻译过来的，建议大家再看看英文原文，可能有助于思考。此外，请大家注意题目中有哪些关键词。当一个关键词说不清楚的时候，可以尝试比较法，比如说智能可以和知识进行比较，这样讨论起来会更聚焦。

经过郑老师的提醒，后面的小组再讲的时候，对关键词的阐述明显清晰了许多，讨论越来越聚焦和深入，同学们在一些问题上也开始达成共识。

当第二个小组谈到"应该在对人类有利的情况下发展好科技，让科技服务于人性"这个观点的时候，一位坐在角落里的女生起身说："你们所说的人性，也就是说人类目前具有的价值观和同情心就一定是好的东西吗？我倒觉得人类的价值观和同情心有局限性，非我族类其心必诛。如果计算机在发展的过程中具备了人类这种尚不完善的价值观和同情心会不会是一种灾难？计算机的'芯'和人类的'心'是共同发展的。如果人类的'心'发展完善的速度大于计算机的'芯'的发展速度的时候才是一件有益的事。"

第二小组的同学说："是的，我赞同你的观点。"教室里响起一片会心的笑声和掌声。

抓分能手自废"武功"：教学生一生受用的东西

郑艳红是上海大学附属中学高二（1）班的语文老师兼班主任，同时也是语文教研组组长。今年是郑老师教学的第23年，从去年开始，她的语文课和班会课全部从讲授式的课堂变成了这种新的方式。谈到转变的原因,她说自己其实是"自废武功"。

传统教学中,郑艳红是很强势的老师,有天然的抓分能力,教学成绩优异。原因是她读书的时候喜欢研究命题者的意图、解题思路和解题技巧。当老师后,总能用最简洁的语言分析考点和解题思路,同时也清楚学生的困惑、障碍所在。学生会觉得郑老师有这么多好方法,一定要听她的。

但这种方式老师非常累。因为高一就开始学解题思路,学生觉得很新鲜,考试时也管用,但是有些学生掌握了这些"秘笈",会忽视基础知识的积累和基本技能的提升。所以到了高三,单单掌握"套路"不够用的时候,为了让学生考出好成绩,郑老师需要亲手整理复习资料,精心挑选试题,并一对一面批,其中的艰辛只有她自己知道。而且有时候学生还不理解,觉得是老师要成绩。

郑艳红喜欢钻研,遇到问题,她会去看书、自己琢磨。之前她也尝试过一些教学空间和形式上的改变,但彻底地改变是加入上大附中以后。2014年,郑老师加入上大附中,她非常认同学校的文化:人人皆可资优、学会学习、学会做人。顺着这个思路,她重新反思自己的教学。在一次教师培训中,听到学校刘华霞副校长提到"学习共同体"的概念,她先后找来萨乔万尼、彼得·圣吉等人的书来看,后来又看了日本教育学家佐藤学的系列著作,觉得这种协同学习的教学方式挺好,想实践但没有头绪。

2015年,一个偶然的机会成了她实践的开端。作为学校辩论社的指导老师,郑艳红带学生参加中美中学生国际经贸模拟峰会。赛前主办方专门为指导老师提供一堂培训课,不过是全英文授课,她听不太懂,正想走的时候主办方留住她,让她把培训PPT拷回去学习。她就请队员把PPT翻译了出来,结合现场培训情况,了解比赛内容和规则。就这样,她和辩论社的队员组建了一个"学习共同体",线上线下共同学习。

作为指导老师,她很关注学生的学习,但不懂英文只能退后,由教授者转变为学习者、组织者、协调者。她制订学习计划、学习任务单,熟悉比赛规则要求,让几位英文好、能力强的队员担任核心成员,带领团队根据比赛任务学习。最后他们拿了那届峰会的总冠军、辩论总冠军等十多个奖项。

这次意外的成功给了她进一步尝试的信心。她开始有意识地把这种小组协同学习的方法用到语文阅读课上，全班同学人手一本《读书》杂志，分成小组，共同选择阅读篇目，共读探讨，展示分享并将观点发布在学生创办的"师生读书感悟"微信公众号上。

慢慢地，阅读课成了学生最喜欢的课。学生的喜欢又给了她更多信心，她把这种方法扩大到作文课、试卷讲评课，最后语文课全部采用"学习共同体"的方式，深受学生的欢迎。

相比较于传统以"教"为主的课堂，这种"学习共同体"的课堂侧重学生的"学"，教师设计挑战性任务，学生4人一组协作完成，既激发学生内在的学习动力，也锻炼学生倾听、合作、独立思辨、沟通交流等在未来生活、工作中非常重要的能力。而教师也由教授者转变为倾听者、组织者、协调者。

上文提到的那节作文课，郑老师总共讲了不到5分钟，基本都是学生在碰撞。但是这种碰撞并非漫无目的，每个人课前都会阅读大量的材料，先形成自己的思考。作为老师，郑艳红也一样要大量阅读，做充分准备，保证在必要的时候给予学生所需要的指导。正如学生丁诗悦所说："不得不承认的是，课前的预习探究，是很累人的，因为要大量阅读、对将要学习的内容加以分析，再深入，得到自己的初步观点，在这基础上试着再深入。"

就这样，一年过去，虽然郑老师的"应试秘笈"没有派上用场，学生却更热爱学习，期末考试他们考了全区所有班级的第一名。

在这个过程中，郑艳红也越来越确信让学生拿一个好分数是暂时的，培养他们一生受用的能力更重要。"教育的重点是培养学习者的学习能力、思考能力和自我约束能力，而不是知识的简单灌输；教育的目的是造就终生爱好学习的自主学习者，而非被动的高分低能者。"郑老师说。

没有职业倦怠：现在是最好的状态

小编发现，郑老师的课上，学生和她都非常放松，每个人都在真诚地分享自己的所思所想。讲话的人音量适中，倾听的人目光专注，即使是辩论，大家也表现出应有的风度。

郑老师说，现在是她从教 23 年来最好的状态，用这种方式上课，每天都非常开心，充满期待和欣喜。因为不知道今天学生会在课上展现出哪些真实的思考，也不知道学生将如何解答她预设或课堂上生成的高难度挑战问题，而她自己又会得到哪些提高。另外，以前同时上两个班的课内容会重复，同一个内容这个班这么上，另一个班也这么讲，有些职业倦怠。现在课上的大部分内容都是学生现场生成，两个班学生不同，探讨的问题也可能不一样。

和她一样，她的学生也非常喜欢这样的课堂学习。学生在课后反馈中曾这样写道：

自从小学开始，我就进入了相同的课堂学习模式，一个课堂一般都会有几十个人坐在一起上课。老师的授课方式也非常相似：老师讲，学生听。这可能就是中国最普遍的课堂现象。然而，高中的语文老师兼班主任郑老师却给我们呈现了一种全新的课堂并迅速成为我发自内心喜爱的课堂。

——王韬

进了高中之后，语文课的学习变了，一节课也许老师不会讲几分钟，大多数的时间都是学生讨论交流，互相分享自己的学习成果。这种方式也许不用记太多的笔记，一节课下来也能有所收获。因为在交流讨论中，总会发表自己的想法，也会对别人提出的看法进行思考。这种思考的过程所用的时间更长，想法也更深入，把所要学的内容内化，效率也有所提高。一节课的时间有限，每一分每一秒都异常的珍贵，我们要尽可能地学到更多的东西。

——叶雨欣

以前大家讨论完、分享完，非常期待老师的独特见解，但是慢慢地，我们发现自己的见解也非常可贵，这怕是语文学习共同体最大的独特之处吧。

——杨帆

这个课堂上的我们，不再有好学生与坏学生中不平等的关系，只有观点的不同，所以自卑这种感情，很难出现在课堂上。在这里，大家都是自主地学习，交换思想，使学习得到进一步提升。学习共同体给我带来的是"happiness"，可以说是快乐，也可以说是幸福。它让我的学习生活不再枯燥，也让我体会到班级这个精神家园给人带来的影响。

——丁诗悦

现在郑艳红和她的孩子们偶尔还会与来自上海甚至全国的老师们交流和分享他们尝试"学习共同体"的经验。今年春天，他们在上海市平和双语学校上了一节《变形记》，不仅课堂上精彩纷呈，课后的教学研讨环节学生全体参加，学生对"学习共同体"这种学习方式思考的深刻程度让在场的教育研究者和一线教师感到惊讶。有些孩子还将"学习共同体"这种学习方式作为自己高中生综合素质测评的研究课题，与郑老师一起边实践边研究。

对中国来说，这还是一种新型的方式。若想使"学习共同体"的优势得到最大化的体现，必须注重其实行时的细节与方法，如：一个班级的学生应该几人分成一组讨论问题，每个组应该怎样搭配学生，下达的问题范围大小，甚至预估学生能够达到的深度。

——潘家仪

我们学生还应该学习如何在学习共同体下学习：

第一就是要自律，不应该讲一些与话题无关的东西，这不仅仅会打断自己的思路，也会打断别人的。第二就是积极思考之余也要尊重别人的观点，最好不要用争执来解决分歧，而是各取所长。还有一点就是在接受别人的观点时，一定要经过自己思考的过滤。

——蒋诚澄

（本文作者马敏，"第一教育"，2017-11-09）

郑艳红：最美的课堂姿态

郑艳红所带的班级是一个"网红班级"。

一年前，班上学生撰写的教育教学创新文章在报刊发表后，在网络上被广泛转载，引来不少网友围观。

引起关注的还有今年5月26日在上海举行的"学生引领未来教育变革"高峰论坛。这是一次舞台翻转的论坛，整个论坛是学生的主场，领导、专家则退居观众席。来自上海大学附属中学的教师郑艳红班级的蔡龙昊、俞林昊、须奕航、陆安诚、徐昭旸、罗沁怡、刘诗奇等学生分享了他们亲历"学习共同体"这一创新教育实践的故事。

蔡龙昊说："课堂上，倾听让我的思维得到了提升，而自由表达的快乐又为我成为一名优秀的倾听者提供了动力。由此我想，一名讲述者与其想着怎样辩驳他人，不妨学着倾听他人，进而成为一名优秀的讲述人。"

刘诗奇则分享了"让不自信的学生在学习中迅速找回自信是让课堂活跃的关键部分"的观点。他认为，当每个人都活跃起来时，大家的收获才会更加丰富。而调动每一个人的积极性不该由教师独立完成。学生需要一个引领者，这个引领者必须由学生充当，一个学生提出自己的看法后能迅速引来同伴的回应，这样的课堂才能让思维空间更广阔。

论坛上，这群"小明星"收获了一大批粉丝。来自江苏的一位教师在随笔中写下了自己的感受：我终于见到了落落大方、表达清晰、逻辑性强的蔡龙昊同学。是什么样的教学方法造就了这样一位可以称为标杆的学生？

"孩子们身上的潜力是未知的，需要教师给他们更多的平台和空间。倾听孩子的心声，我们的心里也就产生了回声。"一直跟踪关注这个班级的上海市浦东教育发展研究院的博士陈静静说。

这个班究竟是一个什么样的班级，他们的课堂到底发生了什么？让我们一同走近这个班的班主任郑艳红。

相信倾听的力量

在一堂公开课上，郑艳红呈现了这样的课堂画面：

课一开始，她努力创设一个安全、安静、安心的课堂氛围，然后借助观看"与陪读有关"的一段视频导入新课。这是一堂关于"社会现象评论文构思指导"的作文课。看完视频，学生围绕"家长陪读现象"自然分为正反两个阵营进行辩论。每组学生在发表观点时，郑艳红有一个标志性的姿态引起了大家的关注：身体前倾，眼睛温和地跟随着每一个发言的学生，偶尔微笑着点头回应，偶尔侧耳倾听，然后不断转身在黑板上记录下每一个学生发言的要点。

在辩论进入第二回合时，郑艳红发问："听完正反两方的观点，大家现在有什么样的思考？"有学生说："我发现双方的观点都有道理。对家长陪读这一现象我表示既不支持也不反对。"这时，课基本接近尾声，郑艳红说："这个世界不是非黑即白，是丰富的、复杂的、多元的，应该从不同角度看待它。"

这堂课赢得了与会者的广泛好评。点评环节，专家在屏幕上展示了抓拍的多张郑艳红倾听姿态的照片。"这是课堂上最美的姿态。好课堂就在教师倾听的姿态上。"专家说。

善于倾听是学生眼中郑艳红在课堂上最大的变化。在郑艳红的认识里，倾听是一个具有教育学意义的姿态。营造课堂倾听文化，最重要的是教师要充分示范倾听。

郑艳红课堂实践的理念正是日本教育学者佐藤学的"学习共同体"理念。在佐藤学看来，"教师在课堂上要以慎重、礼貌、倾听的姿态面对每一个学生，倾听他们有声和无声的语言，用耳、眼、心倾听，听出学生的困感,听出学生内心的需求,听出组内学生、组间群体的差异等,保证每一个学生能安心学习、热衷学习"。

许多时候,教师过于关注自己怎么说,而忽略倾听学生。一位优秀的教师,一定是引导学生积极地听,引导学生带着情感去听,或有关联、触发思维去听。"课上的对话不是自说自话,不是轮流说提前准备的话,而是有关联的、现场生成的,是在别人发言的基础上有疑、有感、有思而发,而这一切,倾听是重要的基础。"郑艳红说,"学生在多向性的对话学习中,把'一言堂'转变为交织着多重声音的世界。"

佐藤学并没有想到,自己的教育思想在中国被一位高中语文教师演绎得如此深刻。2017年3月,在一次论坛上,郑艳红与佐藤学相遇,当面聆听佐藤学的报告,让她对学习共同体理念有了更深一步的了解。

就是这样一位走在教学变革路上的教师,真正的改变却是从两年前开始的。谈到改变的原因,郑艳红说,自己其实是"自废武功"。郑艳红没有想到工作23年后会从头再来,没想到自己的语文课和班会课能从讲授式变成这种全新的方式。

一次刻骨铭心的失败

"以前的我很强势,说话声音大、手势多,不停暗示学生:你要听我的,不听我的你就要吃亏。"郑艳红说,"学生很认真地记录、记忆,他们在试卷分析中写得最多的一句话是:要听老师的话,不然一定考不到高分。"

郑艳红的强势表现在她有天然的"抓分"能力上,学生都"迷信"这位"牛师"的能力。郑艳红上学时是一个典型的"学霸",热衷于研究命题者的意图、解题思路和解题技巧。后来当了教师,她也总能用最简洁的语言分析考点和解题思路。但这种方式让她的教学并不轻松。那时,郑艳红替学生做了太多的工作,她也一直试图破解这一困境。

在郑艳红的教学生涯中有过两次迷茫:第一次是在工作十年的时候,她突然觉得自己不会教书了;第二次是在工作20年的时候,她开始反思一个问题：教书到底是为了什么？

"是为了分数吗？即便是为了分数，也要学出幸福感吧。"郑艳红不想让学生学得那么苦，她总觉得，真正的学习会感受到发自内心的快乐。

于是，2016年9月，郑艳红开始在语文课上采用小组合作学习的方式。学生座位发生了变化，但是授课模式还是以教师牵拉着学生为主，学生自主讨论的积极性很高，但不太乐意公开分享自己的想法。同年10月，郑艳红参加全市的课堂大奖赛。对"优秀已经成为一种习惯"的郑艳红来说，当时她背负的压力很大，因为她对自己的期望很高，"只能赢，不能输"。

接下来，她花费了大量时间琢磨课堂上说的每句话，为了迎合专家评委的口味，她反复修改教案。遗憾的是，课一结束，评委一脸严肃地问："郑老师，你讲的与学生讲的不在一个点上，你能说说这是为什么吗？"

"当时，我感觉天都要塌下来了。我知道自己精心准备的这堂课上砸了！"郑艳红说。

这一问惊醒了梦中人。郑艳红意识到，自己准备得越充分细致，留给学生思考和发挥的空间越少。因为过度关注评委的看法，最后眼里没有了学生。整堂课死气沉沉，学生成了沉默的大多数。

郑艳红知道自己正面临着前所未有的教学困境。她要寻求改变，哪怕从头再来。

每个人成长路上都会遇到关键人物，郑艳红也一样。促使她的课堂真正发生改变的是上海市浦东教育发展研究院的博士陈静静。郑艳红常说，陈静静是对她教育教学影响最大的人。

时间追溯到2014年，那一年郑艳红刚刚调入上海大学附中。在一次教师培训中，她听到学校副校长刘华霞提到了佐藤学的"学习共同体"概念，这一概念恰恰与她研究的班主任工作课题一致，尽管那时她并不理解"学习共同体"背后的深刻内涵。

郑艳红在网上购买了一系列关于佐藤学的著作进行啃读。"当时读的时候也不是很明白。感觉很深奥，也很复杂，想实践但又没有头绪。"郑艳红说。

生活有时就是这样,"念念不忘,必有回响"。一次偶然的机会,郑艳红看到北京师范大学有一个学习共同体的国际会议。得知这个消息的时候,会议第二天就要开始了,郑艳红不愿意错过这个难得的学习机会,于是她背起行囊就踏上了去往北京的列车。

在这次会议上,郑艳红邂逅了福州教育学院第四附属小学校长林莘。林莘一直在自己的教学中践行学习共同体理念。她主动与这位素不相识的林校长搭话。当得知郑艳红在上海工作时,林莘说:"上海有个叫陈静静的专家,是佐藤学的学生,一直在研究学习共同体。你可以与她多交流。"

就这样,郑艳红在学习共同体的实践之路上遇到了影响她的"关键人物"。

走向"学教翻转"

在陈静静的帮助下,郑艳红开始在日常语文课上实践学习共同体。

郑艳红的做法是精心设计学习任务单,课前预习学生能自己解决的,不讲;简单的常识性问题,不讲;学生能在小组间协同学习解决的,不讲。她和学生在课上共同探讨文本那些最核心、最具冲刺挑战性的问题。

让课堂慢下来是学习共同体的文化。郑艳红说,学习共同体主张"少即是多",倡导教师要少教多学、少讲多听,让学生和学生串联起来。课堂的转型并不体现在公开课、研究课中,而是扎根于日常课堂教学改革实践。

课堂上,学生们积极参与,大方自信地上台分享小组探讨所得,大胆提出自己的疑问。每周郑艳红还会抽出一天安排两节课连上,两节课80分钟,上一些写作课、经典阅读课等长课,这样可以聚焦学生的深度需求,更有利于集中精力解决核心问题。

用学习共同体的方式上课,郑艳红最大的体会是每天都充满期待和欣喜,因为她不知道学生会在课上展现怎样的学习状态,不知道学生会生成哪些挑战性问题,也不知道学生如何解答预设的高难度问题,自己会从中得到什么样的启发。

郑艳红给两个班上课,以前的课堂通常是重复的。现在两个班完全不同,因为他们探讨问题的深度不同。

听郑艳红的课会发现,在学生发言时,她从不随意打断,而是负责倾听和记录,她甚至很少点评,以免限制学生的思维,让话题在学生头脑中充分流转。

学生俞林昊说:"课上,郑老师给我们发一张学习单,这里面的高频词有两个,一个是倾听,一个是记录。老师在这个过程中也由主讲人变成了倾听者。每一名同学都要发言,而且发言当中每一个人又都会做到记录和倾听。倾听是对他人经验的获取,而记录则是对信息的筛选。"

就这样,郑艳红的课堂实现了"学教翻转"——从关注教师的"教"转向关注学生的"学"。在认真解读文本的基础上,努力设计高认知、高参与的活动,充分关注学生的学习经历,以保障每一位学生高品质的学习。

学习共同体为班级赋能

从课堂出发,郑艳红又开始改进班级管理的方法。她以学习共同体为切入点,将人为割裂的学科教学和班主任工作相融通。她给自己的定位是做一位有"影响力"、对学生施予积极影响的班主任;做一位有"感染力""爱"与"管教"合力进行的班主任;做一位有"领导力"、给每一位学生提供适合自身发展土壤的班主任。

郑艳红致力于让学生从"共同生活"的"自然"状态走向"公共生活"的"自治"状态。她从以下六个方面做了探索:通过组建班级智囊团,发挥资优生的辐射与引领作用;通过构建个性化学习小组,发挥同龄人之间相互激励相互促进的正能量;通过成立"关爱委员会",发挥学生的社会责任感,在帮助他人的同时成就自我;通过个人日记、班级日志、体验式教育活动,实现班级管理人性化;通过师生共同制定可行性、互约性的共同体规范,施行班长竞聘制,实现班级管理自主化;通过建立学生成长档案,开展丰富多彩的社会实践活动,实现班级管理情智化。

郑艳红认为,班主任应该注重"体验、感悟、反思、成长",并顺应"四个变化"——随着时代的变化而变化,随着校园文化特色的变化而变化,随着不同时期学生群体的变化而变化,随着自身成长的不同阶段而变化,与时俱进,不断完善自己。

作为语文教师,郑艳红与学生共同写日记已有五年,在博客上留下了100多篇生活点滴、教育随想。《班级日志》《404教室的奇迹》《个性化培养计划》……文字、照片、视频里汇聚的是学生成长的点滴。一位家长在感谢信中写道:"我仔细地阅读了每个孩子的文章,从字里行间感受到孩子们很有思想,很有个性。我们不可以再用简单的说教与孩子交流了,真的要把他们当成知己来沟通。"

"凡事商量"是郑艳红班主任工作的基本准则。每个学生都是平等、受尊重的。学生在班集体中既是领导者,又是参与者,创建全纳型、生态型成长共同体。

佐藤学曾说:"每一个人的尊严得到维护,意见的冲突和论争也得到尊重。我们即便彼此伤了和气,也能通过开诚布公地交流和批评自己的工作与学习的活动,在学校和课堂里构筑起相互学习的关系。"不知不觉中,这已经成为郑艳红的教育信念。"当你无限相信的时候,他就会释放意想不到的力量。"郑艳红说。

(本文作者褚清源,《中国教师报》,2018-09-12)

后　记

《最美的姿态是倾听——语文课堂转型》是我的第一本书，也是孕育了近四年的书，写书的过程是自然的，成书的过程却是艰辛的。

2016年11月15日，作为上海市班主任带头人工作室主持人，我邀请原浦东发展研究院、现上海师范大学教育学院副研究员、学习共同体研究院院长陈静静博士给学员做《学习共同体：以信任与关怀触发高品质学习》的讲座，静静博士的话语如涓涓细流，滋润我的心田。她所呈现的学生自主探究、同伴协同探究、师生共同学习的状态，成了我语文课堂的愿景。

因着对学习共同体理念的认同，带着对理念能否在课堂上落地的好奇，我全身心投入学习共同体日常课例研究活动：拆书共读会，课例录像分析会；做观察员，用蚂蚁之眼观察学生的学习；分享所观察的学生学习情况，倾听其他观课老师的分享以及执教老师的回应；反复回看课堂录像，整理录音文字，写观课报告；和静静博士、张凡凡老师协同备课，致力于高品质学习设计，在课堂上实践，反思并调整自己的教学……这一系列过程，我走得很辛苦但也很享受。每一个阶段，都伴随着文字记录。

自此，我走上了学习共同体研究、实践之路。教室物理空间变化，带来学生学习方式的改变；学生从不愿意说话到抢着说话，到认真倾听同伴的话语，再到安心地说出"我不懂"；温暖润泽的课堂氛围和彼此互学关系网络建立；学生发出的一声声"哇哦"的惊叹声令我着迷……我的语文课堂成了世界上最珍贵的金矿，我和学生不断在课堂上挖掘宝藏，我成了天底下最富有的老师！下课了，我回到办公室，顾不上洗手、喝水，在键盘上敲击文字，记录课堂点滴。不到一年的时间，积累了近20万字。

2017年4月25日,我在上海市平和双语学校开设学习共同体公开研讨课《变形记》。这堂课对我和学生来说,具有里程碑意义。学生全身心地与文本对话,与同伴对话,与自己对话,课堂成了师生共同成长的场域。课上完了,观课老师不让学生离开,纷纷向学生提问,学生以学习共同体亲历者的身份回答教师提出的各种问题。感谢静静博士,上课当天请了专业的摄影团队和速记团队,给我留下了珍贵的影像和文字资料,我的第一个课例报告《语文课堂:孩子成长的场域——以〈变形记〉教学为例》就是回看录像和课堂速记稿撰写出来的。从那以后,我的语文课堂架起了摄像机,放上了录音笔,因为每一堂课都可能是精彩的课,每一位学生的发言都可能是精彩的发言,我不忍心错过。那一年,我发表了20余篇论文。

2019年3月8日,我因椎管骶骨神经瘤手术,躺在床上近3个月。手术很成功,但恢复期非常痛苦,左腿的每一根神经都在我身体里肆意舞蹈,难以言表的疼痛让我几近崩溃。书籍成了最好的镇痛剂,我重读佐藤学、钟启泉、陈静静的书籍,还有一些国际前沿的教育心理学、脑科学、教学设计等方面的专业书籍,因为有三年的课堂转型实践,我对理论文字理解更为深入,也更能激发我对课堂教学、学生学习的反思。

六年来,我经历了记录原始素材—抽取关键事件分析—反思并改进教学等阶段。用最舒服、最自然、最喜欢的方式记录,是我持续写作的动力。早在2017年10月,静静博士就把我的文字编辑成册,鼓励我出版专著。可是,我一直把出书看成是理论研究工作者的事情,作为一名普通的一线教师,我既没有胆量,也没有底气出书。直到2019年8月,华东师范大学出版社大夏书系编辑程晓云女士鼓励我写书,我才把写书提到了日程。2019年年底,一场突如其来的疫情打乱了所有人的节奏,而我,终于下定决心修改完善书稿。2020年3月26日,我把书稿发给程晓云女士,又过了一年,终于修改完毕。回顾整个过程,写书很自然,成书过程很艰辛,出书结果很遗憾。最大的遗憾在于有很多"未尽之言",遗憾之余,又生发出新的希望,心里开始盘算下一本书。

本书在写作过程中,受到了陈静静博士全方位的指导、帮助和鼓励,静静博士是我语文课堂转型路上的引领者，带领我走上学习共同体研究实践的道路，让我成长为一名反思性实践者。感谢辽宁师范大学杨晓教授，她关注我的语文课堂转型，指导我撰写论文，像妈妈一样地帮我解答工作、生活上的困惑，让我勇往直前；感谢真爱梦想教育基金会理事长潘江雪女士，给我描绘专业发展线路图，并给予我专业上的支持；感谢学习共同体研究院执行院长谈杨先生、马瑞女士、陈思含女士，给我和同伴提供专业交流学习平台；感谢上海师范大学附属第二外国语学校李莉校长理解、包容、关照我，给我发挥专业的极大空间，并提供充分的写书时间；感谢学习共同体研究院的各位专家伙伴对我的鼓励和支持，他们是：黄建初老师、林忠玲老师、徐榕老师、杨海燕老师、芮莹老师、程春雨老师、郭建珍老师、王晓叶老师、王珏瑜老师、叶建军老师、秦亮老师、郭歆老师、马增彩老师、朱怀民老师、张晓冬老师、陈群莹老师、潘品瑛老师、王海老师等；感谢福建融侨赛德伯学校林莘校长，让我看到学习共同体实践的课堂风景，并引荐我结识陈静静博士；感谢赤峰教育局基教科刘学民科长对我的专业信任和支持，2017年7月开始邀请我来到克什克腾旗，开展学习共同体建设项目，让我积累带领团队的经验。

作为语文学科方面的书籍，在本书的写作过程中，我有幸得到了语文界前辈的指导和帮助。感谢福建师范大学文学院孙绍振教授，关注我和学生的专业成长，鼓励我和学生持续开展学习共同体课堂研究实践；感谢上海建平中学郑朝晖副校长，提醒我关注语文学科本质的研究，多年如一日地关心我的专业成长；感谢华东师范大学一附中李支舜副校长，在李支舜语文基地学习的三年，提升了我的语文素养，结下了深厚的师徒情谊；感谢浦东干部学院副教授李冲锋博士，让我养成持续读书的好习惯；感谢台湾吴慧琳博士、李玉贵博士，对高中学习共同体研究实践寄予厚望；感谢已退休的何海鸥老师，对我的研究实践给予莫大的鼓励；感谢我的同事张凡凡老师，多年来耐心听我分享语文课堂转型点滴，成为共同学习、协同发展的挚友。

课堂的主体是学生，语文课堂的转型得益于师生的专业成长，感谢六年来关注我和学生成长的媒体记者们。感谢中国教育报刊社社长雷振海先生，一直以来给予我极大的鼓励和支持；感谢华东师范大学出版社大夏书系编辑程晓云女士，从我进入学习共同体团队开始，就对我指导帮助，鼓励我参加2017年《教师月刊》年度人物评选，尤其是这本书的顺利出版，凝聚着程晓云女士的心血；感谢《中国教师报》褚清源主任，2017年2月以来，以极大的热情关注语文课堂转型的成果，给我提供在全国各地交流学习的平台；感谢《上海教育》的记者马敏，走进我的语文课堂，采访我和学生；感谢《教育发展研究》林岚主编，多次听我的课，并给予我鼓励；还有上海教育出版社张少杰主任、《思想理念教育》潘晓主编、《新课程评论》余孟孟主编、《福建基础教育》刘火苟主编、《教育研究评论》徐志欣主编、《上海教师》苏娇主编、《上海教育》方兆玉主编……我的书稿能完成，离不开媒体记者、杂志编辑对我的鼓励和指导。

感谢我的家人，在我写书期间，给予我包容和理解；感谢我的女儿吴易珂，摸索出一套自主学习的有效方法，让我安心写书；感谢我的朋友刘铁，在暑假、寒假期间，为了让我专心写书，担负起接送女儿的责任，替我排忧解难；感谢上海大学附属中学2019届伟长班学生夏聪、蔡龙昊、陆安诚、俞林昊、须奕航、徐昭旸、谭家淇、杨辰子、夏佳怡、曹诗妤、潘柳依、庄顺怡等39位同学，感谢上海师范大学附属第二外国语学校2019级高二（3）班曹书豪、苏雨蝶、郑恩琪、吴叙霖、王星宇等27位同学，是你们的全情投入和专业信任，才有了语文课堂转型的亮丽风景。最后，感谢购买本书的读者，感谢你们对我的信任和支持。

教师变了，课堂变了，学生才会变。课堂转型在当前显得尤为重要，让我们携手共进，相信学习共同体的力量！

郑艳红

于湖州和孚老宅